トミヤママチコのパーソナルカラーメソッド 2

新 役に立つ パーソナルカラー

新パーソナルカラー協会代表理事
トミヤママチコ 著

Gakken

はじめに●●●●●

　パーソナルカラーは、1980年代半ばにアメリカから伝えられ、長い時間をかけて浸透してきた新しい色彩調和の方法です。対象を「人」に絞り込んでいることに特徴があります。それまで多くの色彩調和論が展開されましたが、対象を「人」に限定したものはありませんでした。

　今日のパーソナルカラーには、2つのルーツがあります。ひとつは「4シーズンカラー」に代表される、イメージ分類によって「人に似合う色」を提案することを目的とした分野です。もうひとつは、1920年代に提唱された「色彩調節」の流れを汲む、色がもつ理論的な特性を基に「目的に合わせて人を演出する色」を提案する分野です。現在では、この2つのルーツが混ざり合うことで、パーソナルカラーの市場は多面的な広がりを見せています。

　個人対象のコンサルティングから始まったパーソナルカラーは、徐々に企業戦略としても取り入れられるようになってきました。品物だけあれば売れるという時代は過ぎ去り、クライアントに対して、いかに差別化したサービスを個々に提供できるかが、現在の企業の大きなテーマとなっているからです。その中で、パーソナルカラーは著しく着目されてきました。これは、人に対する色の効果を提案できるスペシャリストが求められるようになってきた、ということでもあります。

　パーソナルカラーが社会的に認知され展開していくためには、従来から問題視されていたあいまいさを修正し、明快でわかりやすく整えていく必要があります。そのためには、「理論」が求められます。その観点から本書を書きました。シリーズ本の『新はじめてのパーソナルカラー』では、人に対する色の反応を色の属性と結びつけて考察してきました。本書では引き続き、一歩踏み込んだ解説と、多種多様な分野で活用されているパーソナルカラー理論や、これからの可能性についてご紹介します。

　パーソナルカラーを仕事にしたいと考えている方は、学ぶ時期、準備期間、活動時期などは自分に合ったスタイルを選び、じっくりと取り組んでみてください。パーソナルカラーの仕事

は、自分のライフサイクルに合わせて、長期的に組み立てることができるものであり、年齢や性別を問わず活躍できる仕事でもあります。重要なのは、軸となるスキルを真摯に学び、経験を積むことです。

　パーソナルカラーに興味のある方、パーソナルカラーのプロを目指す方にとって本書がお役に立てることを願ってやみません。

令和元年8月吉日　　　　　　　　　　　　　　　　　　　　　　　　トミヤマ　マチコ

●トミヤマ　マチコ（冨山眞知子）プロフィール

東京都出身。成蹊大学卒。1989年（株）パーソナルカラー研究所スタジオHOW設立、代表取締役社長。1997年NHK学園通信講座「カラーコーディネート」開講に伴いテキストを執筆。2001年NPO日本パーソナルカラー協会設立、色彩技能パーソナルカラー検定を実施し、2017年度まで問題作成監修にあたる。2012年理事長に就任、2018年退任。さらなる実践的なパーソナルカラーの普及を目指し2018年11月一般社団法人新パーソナルカラー協会を設立。この分野の社会的確立を使命とし活動している。指導力には定評があり門下から多くのプロを輩出している。NHK「生活ほっとモーニング」「おしゃれ工房」などメディア出演多数。著作多数。

Contents

- 1 　切り取って使える！ ネイルカラー診断シート48色
- 4 　はじめに
- 8 　パーソナルカラーはあらゆる場面で活躍するメソッド
- 10 　この本の構成

- 12 　**Lesson 1**　パーソナルカラーの過去・現在・未来
- 12 　パーソナルカラーの歩み

- 16 　**Lesson 2**　パーソナルカラーの注意点
- 16 　似た色と似合う色の違い
- 18 　固有感情と表現感情
- 19 　表現感情が異なる原因

- 20 　**Lesson 3**　パーソナルカラーの基本

- 22 　イメージの色を導き出す
- 22 　イメージを決める
- 24 　色相（ベースカラー）
- 26 　明度
- 28 　彩度
- 30 　清濁
- 32 　*column* テストカラーを当てたときの印象

- 34 　**Lesson 1**　色が見えるしくみを理解しましょう
- 34 　現場で必要な知識
- 36 　光源
- 39 　目
- 40 　物体

- 42 　**Lesson 2**　色の表し方〜表色系と色名〜
- 42 　表色系①　マンセル表色系
- 44 　表色系②　PCCS
- 46 　色名
- 51 　*column* ユニバーサルカラーについて

- 52 **Lesson 3 色彩の調和を学びましょう**
- 52 色彩調和論とは
- 53 パーソナルカラーの色彩調和論
- 54 イエローベースとブルーベースの意味するもの
- 55 色の調整効果
- 56 パーソナルカラーにおける同化と対比
- 57 肌の色素

- 58 **Lesson 4 配色法のバリエーション**
- 58 3つの観点から配色を考える

- 66 **Lesson 1 なりたい自分になるカラーコーディネート**
- 66 色の力で印象を演出する

- 71 **Lesson 2 若々しさ、美しさをキープするパーソナルカラー**
- 71 色の力で悩み解決
- 74 column パーソナルカラーとメイク
- 76 パーソナルカラーとネイルカラー
- 78 パーソナルカラーとヘアカラー

- 81 **Lesson 3 メンズカラーコーディネート**
- 81 男女のイメージの違いを意識する
- 82 春の人のコーディネート
- 84 夏の人のコーディネート
- 86 秋の人のコーディネート
- 88 冬の人のコーディネート

- 90 **Lesson 4 パーソナルカラーアナリストとして働く**
- 90 パーソナルカラーアナリストはどんな仕事をしているの?

- 94 **Lesson 5 パーソナルカラーの知識を仕事に生かす**
- 94 さまざまな業界で役立つパーソナルカラーの知識
- 95 パーソナルスタイリング
- 102 column 時代の流行色とインターカラー
- 103 プロダクトカラーデザイナー
- 106 ヘアメイクアップアーティスト
- 109 ネイリスト
- 113 column 暮らしを彩るカラーテクニック

- 117 **新パーソナルカラー検定とは**
- 118 総合問題

- 125 PCCS記号―マンセル記号 対応一覧表
- 127 新パーソナルカラー教材

本書で紹介している色名に関しては複数の解釈があります。

パーソナルカラーは
あらゆる場面で活躍するメソッド

色相環

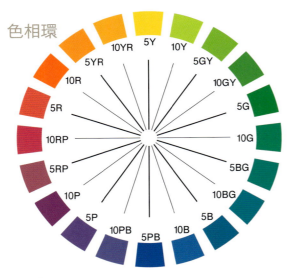

幅広い目的に応じた合理的な色選びが可能に

色は感覚的かつ主観的に捉えられがちですが、実は理論的で、客観的な側面をもっています。似合うといわれる色には理論的な理由があり、それがわかれば色の選択がまちがいなくできるようになるのです。

パーソナルカラーは「似合う色」を見つけるためだけのものではありません。パーソナルカラーを学ぶと、「似合う」という目的以外にも、色に関わりのあるさまざまな分野で、ニーズに合った色選びができるようになります。

配色

パーソナルカラーを個人を対象に活用すると……？

それぞれの人の「似合う色」がわかります。そして、肌や顔に顔にまつわる悩みを目立たなくすることができます。すなわち、なりたい自分、見せたい自分を上手に演出できるようになるのです。

パーソナルカラーをビジネスで活用すると……？

企画、営業、接客などのスキルとして有効です。色が基本的にもっている理論的な効果を用いれば、目的に合わせてさまざまな分野で活用できます。

この本の構成

Part 1 & 2 & 3
パーソナルカラーについて学びましょう

パーソナルカラーの基本の４つの要素、色が見えるしくみ、配色法のバリエーションなど、パーソナルカラーを活用するにあたっておさえておくべきポイントを学びましょう。

Part 4
パーソナルカラーの活用方法を知りましょう

パーソナルカラーを生かしたコーディネートやメイク、パーソナルカラーのスキルを使う仕事など、実際の生活の中でパーソナルカラーをどのように活用できるかご紹介します。

パーソナルカラーについて深く学んでいくために、
その目的や歩み、着目すべき点を見直してみましょう。

★Lesson 1　パーソナルカラーの過去・現在・未来

★Lesson 2　パーソナルカラーの注意点

★Lesson 3　パーソナルカラーの基本

Lesson 1
パーソナルカラーの過去・現在・未来

人に調和する色として、パーソナルカラーは生まれました。日本に渡来した後も、パーソナルカラーは進化を続けています。その歩みを振り返り、今後の方向性を予想してみましょう。

パーソナルカラーの歩み

パーソナルカラーは目的に応じて人を輝かせる色

　パーソナルカラーは1980年代半ばに「あなたに似合う色を見つけましょう」というキャッチフレーズとともに登場し、以来、「似合う色」という意味で捉えられてきました。しかし、今日では**「似合う色」ばかりがパーソナルカラーの全てではありません**。時代の流れとともにその位置づけも変化しつつあります。あるときはセルフブランディングの一環として、また、あるときはコミュニケーションツールとしてなど、さまざまな目的で取り入れられるようになりました。

　対象を人に絞り込むことによって、人に対する色の活用を具体化したパーソナルカラーの功績は、大きいものがあります。

人は身に着ける色との関係を問い続けてきた

　古来、色彩学は学者や研究者の学問として、また特権階級の教養として限られた範囲で発達してきました。色彩学が一般的な広がりを見せたのは、18世紀後半から19世紀にかけて起こった産業革命以降だといわれています。ただし、パーソナルカラーが登場する前にも、人々は肌の色と服飾の調和に関心を寄せていたようです。

　近代の偉大な色彩学者として名高いM. E. シュブルールは、パーソナルカラーの視点に近い論述を、すでに1800年代の著作「色彩の調和と配色のすべて」の中で、肌の色と服飾のコーディネートとして触れています。また、J. イッテンも1961年に著した著作「色彩論」の中で「人は元来、自分独自の主観色を持っており、女性にとっては似合う色と重なる」と述べています。

　J. イッテンはパーソナルカラーの誕生に関わっているともいわれますが、その著書の中にパーソナルカ

ラーへの言及はほとんどありません。ただ「四季折々の景色の中にすべての色の源がある」という主張をしており、これをヒントにパーソナルカラーの4シーズン分類が考案されたという推測はできます。

20世紀に入ると、アメリカでは色彩学が産業界の実践的な分野として著しく発展しました。1920年代に提唱された色彩調節（color conditioning）は、人が共通して感じる色の心理効果を社会の中で生かすという考え方で成果を上げました。色相の心理効果である寒暖感を利用して体感温度を上げた例、明度の及ぼす軽重感の心理効果で運搬作業の効率化を図った例など、数々の事例があげられます。このように**色が及ぼす心理効果には、人に共通の感情作用を生じさせる効果があり、これを「固有感情（common feeling）」**（P.18参照）**という言葉で表す**ことができます。

色彩調節を推進した色の専門家が登場したのもこの頃で、カラリストという職業が誕生しました。その中でもA. G. アボット、F. ビレン、L. チェスキンは、名前のイニシャルからA・B・Cの3大カラリストとして著名でした。

また一方では色彩学の実践的な活用法として、簡便に必要な色の選択ができ、配色に役立つ色票集が開発されました。1950年代にドイツの偉大な化学者W. オストワルトが考案した表色系を基に、アメリカのコンテナ社が発売した「**カラーハーモニーマニュアル**」はその代表的なものでした。

アメリカのR. ドアは映画用の大看板を描く際に実践されていた色の調整法に触発され、研究を重ねた結果「**カラーキープログラム**」という色票集を、アメリカのアメリトーン・ペイント社から発売しました。全ての色をイエローアンダートーンとブルーアンダートーンに分類し、それぞれのカラーキーの色は調和するという、カラーキープログラムの考え方はわかりやすく、大ヒットしました。

1970年代後半、カラーキープログラムの流れを汲むゲリー・ピクニーがパーソナルカラーの4シーズンカラーを開発したとされ、キャロル・ジャクソンがこれを紹介した「カラーミービューティフル」は世界的なベストセラーとなりました。ちなみにパーソナルカラーという呼び方の起源は定かではありません。

Part1 Lesson1 ● パーソナルカラーの過去・現在・未来

パーソナルカラーの軌道修正

　現在のパーソナルカラーは、有効性を社会的に認知されるために、いくつかの修正しなければならない点があります。それは、大きく分けると次の3つです。
- **パーソナルカラーの診断の根拠を、理論的に明快にすること。**
- **パーソナルカラリストの技能的な能力を測る基準を作ること。**
- **パーソナルカラーを学ぶために必要な知識や技能を提示すること。**

　4シーズンカラーを代表とするイメージ分類によるパーソナルカラーは、根強い人気の反面、診断基準にあいまいな部分があり、そこから多くの問題点や疑問点が指摘されてきました。極論すれば「似合う色」に100％同じ答えはないので、それを診断する側の条件も問われません。プロとして仕事をすることに規制もありません。また、企業の中には「似合う色」を販売促進の即戦力として、ごく短期間の研修で任意の資格名をつけてサービスを提供する例もあります。しかし、その結果はクレームに繋がりやすくパーソナルカラーへの不信感を回復するには長い時間を要します。まちがった認識でのパーソナルカラーの展開は分野全体を衰退させることになりかねません。必要とされるスキルの内容と基準を定め、修正すべきところは修正し解決する時期が来ています。

似合う色の定義

　パーソナルカラーの正解を確率で表すことができるなら、その目安として他の多くの分野と同じように約80％の支持を得ること、という目標値が設定できます。本書の中でも、似合うという評価を「8割の人が似合うと感じた」ことで決めています。パーソナルカラーの判断が100％共通する固有感情ではない以上、表現感情の客観性の目安を約80％とすることは妥当です。**ある程度以上の色の識別力を訓練した人たちの80％の評価は、「似合う色の正解」になり得ます。**

技能のスコア化

　一方では、「似合う色」の正解率をスコア化することで、パーソナルカラーアナリストの診断力を明快に測ることも可能です。

　ファッションスタイリングやイメージコンサルティング、パーソナルカラーのようにスキルを測りにくい分野においても、これからの発展のためには何らかの基準が求められます。技能のスコア化を求める社会的な傾向に対しては必要な条件となるでしょう。

これからのパーソナルカラー

　色は多様な側面をもっています。美学、物理学、心理学、生理学、社会学など、いろいろな側面からのアプローチが可能です。

　また、色は個性的な表現方法として用いられる半面、多くの人に共通の感情効果を伝えることもできます。感覚的でもあり理論的でもあります。だからこそ、色を実践的に活用するためには総合的な視点からの構築力や提案力が必要です。

パーソナルカラーの世界は広がっていく

これからのパーソナルカラーは、個人や企業などさまざまな対象に、それぞれの用途や状況に応じた方法で取り入れられるようになるでしょう。基本的には、固有感情までの知識と技能を必要とする分野と、主観的な判断を加えた表現感情（P.18参照）まで踏み込む分野の２つに大別されます。ニーズに応じて学習する内容は異なります。幅広く有用な分野として社会に認知されるために課題は多いのですが、市場もまた未知の広がりが期待できる分野です。

広がるパーソナルカラー

個人のイメージアップ
一人一人に調和する色を用いて、なりたいイメージを演出したり、コンプレックスを緩和したりできます。

接客や営業の効果アップ
色のもつ感情効果を理論的に理解することで、顧客に商品の色に関する適切なアドバイスができます。

イベントの演出
色を効果的に使って、ファッションから空間までトータルにイベントのイメージを演出することができます。

専門職のプラスのスキル
ネイリストやヘアメイクなどの職業では、パーソナルカラーを学ぶことで仕事のスキルアップに繋がります。

Part1 Lesson1 ● パーソナルカラーの過去・現在・未来

Lesson 2
パーソナルカラーの注意点

パーソナルカラーに関しては、多くの人が誤解している点、見逃している点があります。それらに気づき、正しい目線で見ることではじめて正確な診断ができます。

似た色と似合う色の違い

肌の色に近いベースカラー＝パーソナルカラーではない

　R. ドアによって開発された、「**カラーキープログラム**」は色について秩序立ててまとめられており、インテリアやエクステリアなどのカラーコーディネートで簡便に適切な配色ができ、大ヒットしました。しかし、P.13で述べたように、パーソナルカラーの直接的な原点が色票集にあることは、ひとつの問題点を提起する結果になります。

　パーソナルカラーのイエローベース（イエローアンダートーン）、ブルーベース（ブルーアンダートーン）という分類の方法は、色票からの派生と考えられます。つまり、イエローベースの肌の人はイエローベースが、ブルーベースの肌の人はブルーベースがパーソナルカラーであるという定義です。ここで問題なのは、肌の色と共通性のある色（似た色）がパーソナルカラー（似合う色）という定義をされたことです。

　共通性のある色だと、確かになじみのよい調和感は得られます。しかし、人によっては、パーソナルカラーの目的である「その人を際立たせる効果」が得られるとは限りません。それはなぜでしょうか。

イエローベースが似合う
＝
肌の色はイエローベース？

ブルーベースが似合う
＝
肌の色はブルーベース？

物体と人では、色の効果が異なる

色票集の本来の目的は、インテリアやエクステリアでの色選びです。**通常の物体色どうしならよい効果を得られるとされる配色も、「人」という物体色が主体であるパーソナルカラーに置き換えた場合に同じ効果が得られるとは限りません。**人によって、「似た色」の効果はよく出る場合も、悪く出る場合もあるからです。

例えば、肌の色みについても肌が黄み寄りの人にイエローベースの色を合わせると、その効果は黄みを強調することを意味します。それがよく出れば「血色がよい」「健康的」などの印象を与えますが、悪く出れば「黄ばみ」「くすみ」「黄黒さ」を感じさせる原因になります。また、肌が青み寄りの人にブルーベースの色を合わせると青みをさらに強調することになり、よく出れば「スッキリした色白効果」が強調されますが、悪く出れば「顔色が悪い」「不健康」「弱々しい」印象を与えます。つまり、黄みがある肌に青みの色を配して黄みを弱く見せる調整をしたほうが似合うと感じたり、青みがある肌に黄みの色を配して血色をよく見せたほうが「似合う」と感じる場合も、当たり前にあるということです。

多くの人々から「似合う」と評価される色を提案するのがパーソナルカラーの目的です。肌の色みと似た色を似合う色と限定するばかりでは、その提案はできません。色には過不足分の調整をする働きがあります。

色の効果の違いの例

似た色どうしの配色だと…

イエローベースのテーブル ＋ イエローベースのチェア ＝ 調和する

イエローベースの肌 ＋ イエローベースの服 ＝ 調和するとは限らない

配色したときの色の見え方の違い

周辺(背景)の色と対比して明るく見える

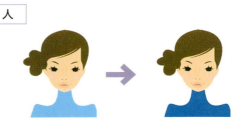

周辺(服)の色と同化して顔が暗く見える

固 有感情と表現感情

色の2つの見え方

　イラストAを見てください。同じピンク系の色ですが胸元に当てているピンクは、Bと比べて色相が黄みに寄っているイエローベースのピンクです。この色を当てると顔も黄みを帯び膨張して見えます。

　次にイラストBを見てください。胸元にあるピンクはAと比べて色相が青みに寄っているブルーベースのピンクです。この色を当てると顔も青みを帯び収縮して見えます。

　この反応は誰に対しても共通です。このように**誰が見ても同じような感情を生じる心理的な効果を、「固有感情（common feeling）」**と言います。パーソナルカラー診断は「固有感情」の反応が基本になるので、**色相の他に明度・彩度・清濁についての固有感情の反応を確認する意識が必要です。**

　しかし、似合う・似合わないと感じる心理的な受け止め方は個人差があります。固有感情の反応に対して、このように**主観的な反応を「表現感情（individual feeling）」**という言葉で表すことができます。パーソナルカラーではいきなり似合うか似合わないかという診断をしがちですが、基本には固有感情による感じ方があることを忘れないでください。

A

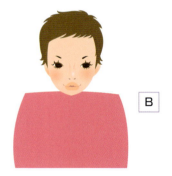
B

好きな色と似合う色

　「固有感情」による色彩効果は誰にでも共通で、全ての色を判断するときの基本の反応なので、色物を販売する現場や製品の色を企画する場面ではとても重要な知識になります。また、T.P.O.に応じて自分を演出するときにも役立ちます。

　また、人は誰でも好きな色があります。好きな色は内面的な要素によるところが大きく、自分の主観で決められます。しかし似合う色は外面的な要素が含まれ、第3者の評価が入ってきます。自分の主観だけでは測れないので、**好きな色と似合う色は一致しないこともあります。**パーソナルカラーは似合う色を提案することが大きな目的ですが、「表現感情」の一種であることを忘れないようにしましょう。

　本書では多くの人から高評価を得られる色という観点から、パーソナルカラーを学んでいきます。

表現感情が異なる原因

表現感情は気候や文化によって異なる

　表現感情は好き・嫌い、よい・悪い、似合う・似合わないなど、何かの判断をするときの個人差のある感情効果をいいます。この感情は個人的な経験や嗜好や性格の他に、気候風土や文化圏などの影響を受けます。気候風土では、**日照の強い・弱い、湿度の高い・低いは色の見え方に大きく影響します。その中で育まれた文化や審美眼は、表現感情に大きな影響を与えます。**

　ですから、アメリカから伝えられたパーソナルカラーの似合う基準が、日本の似合う基準とずれていても当然ですし、もう少し範囲を狭めると、例えば関東と関西でも微妙な審美眼の違いはあるようです。

　今後、グローバルにパーソナルカラーを展開する場合は、表現感情のベースとなる文化的背景を把握することも大切です。文化が違う人どうしが同じように美しさを感じることはできても、似合う・似合わないの基準を共有することはできません。

　パーソナルカラーの評価は100％一致することはありません。それぞれの人々が生活する環境の中で、約80％くらいの人に評価される色を見つけることに有効性があります。

日本の色彩の特徴

　日本は四方を海に囲まれた島国で、気候は温暖多湿です。水蒸気を多く含んだ空気は湿気の少ない地域に比べるとやや不透明で、**色の見え方は優しくソフトなニュアンスを帯びる傾向**にあります。多色配色の華やかな織物でも、全体的にはどこか柔らかさがあります。

　歴史的に見ても、日本にはいくつかの時期に外国文化が渡来しています。外国からの影響を受けながら、島国という特徴的な環境の中で、時間をかけて日本独自の色彩文化を育んできた経緯があります。今日のようにさまざまな情報が一気に流入される環境の中で、色彩文化がどのような変貌を遂げていくかは興味深いテーマです。

(左から) ©kuppa、©Martin Valiqursky、©TMAX、©TessarTheTequ

Lesson 3
パーソナルカラーの基本

パーソナルカラー診断は、魅力的で優れた分類法であると同時に、安易で誤った解釈をしている人も多く見られます。正しく認識し、活用したいものです。

パーソナルカラーはその人に調和する色の範囲の方向性

色は常に相対的で、絶対的な位置はありません。 配色、形や面積、素材、見る順序などが変わると、色の見え方は変わってしまいます。見る人によっても変わります。それが色の基本的な性質です。

パーソナルカラーもざっくりとした分類はできますが、この範囲がイエローベースで、この範囲がブルーベース、というように厳密に区切ることはできません。明度や彩度、清濁も同じです。色空間は無限のグラデーションで移行しているからです。

パーソナルカラーは、その人に調和する色の範囲（色調域）**の方向性（Direction）**を意味します。方向性の基準になるのが、下の4つの属性です。

この属性を基にパーソナルカラーを診断するのが、「**4（フォー）ディレクションカラー**」です。また、イメージの共通性で診断するのが、「**4（フォー）シーズンカラー**」です。

4つの属性と、それぞれの方向性の見方

色相 その色が、肌の色みを黄みに寄せるか、青みに寄せるか。

明度 その色が、肌を明るくするか、暗くするか。

彩度 その色が、肌の色を全体に強く見せるか、弱く見せるか。

清濁 その色が、肌の質感をクリアに見せるか、ソフトに見せるか。

パーソナルカラーの基本用語

- **色相**……赤、青などの色みのこと。系統は大きく赤、橙、黄、緑、青、紫の6つに分かれる。
- **明度**……色の明るさの度合いのこと。
- **彩度**……色の鮮やかさの度合いのこと。
- **清濁**……純色に白・黒を混ぜた度合いのこと。
- **イエローベース**……黄み寄りの色。
- **ブルーベース**……青み寄りの色。
- **トーン**……明度と彩度の複合された色のグループのこと（P.58参照）。
- **同一系配色**……色相かトーンがほぼ同じ要素でまとめられた配色。
- **類似系配色**……色相やトーンが全く同じではないけれど、どこかに共通性がある配色。
- **対照的配色**……色相やトーンが対照的な配色。

パーソナルカラーを分析していく際の手がかりとなる、
色を構成する基本的な要素について見ていきましょう。

イメージの色を導き出す

イメージの色を導き出す

色のイメージは、色相・明度・彩度・清濁を比較検討することで導き出すことができます。2つの例を参考に、属性をどのように使うかという観点から考えてみましょう。

イ メージを決める

色のイメージもまた、色相・明度・彩度・清濁をどのように組み合わせるかで導き出せます。 イメージする色を選択したいときは属性をどのように使うかという観点から考えると意外に簡単にイメージの色を選定できます。

イメージを色に置き換える方法

例 1 「爽やか」なイメージ

1. 「爽やか」という言葉のイメージから、色相は緑系を選択。

   基の色

2. 「爽やか」という言葉のイメージから、暖色よりは寒色に。

   寒色に

3. さらに、「爽やか」なイメージに近づけるために、明度は明るめに。彩度はあまり高すぎない（強すぎないほうがよい）。透明感のある清色に。

   明るく、中彩色、清色

例 2 「可愛い」イメージ

1. 「可愛い」という言葉のイメージから、色相は赤系を選択。

   基の色

2. 「可愛い」という言葉のイメージから、寒色よりは暖色に。

   暖色に

3. さらに、「可愛い」イメージに近づけるために、明度は明るめに。彩度はあまり強すぎない。透明感のある清色に。

   明るく、中彩色、清色

このようになりたいイメージを属性に結びつけて組み立てると、自分の求めるイメージの色を簡単に選ぶことが可能になります。**テーマに対して適切な色相は何か？　明度はどのくらいか？　色は鮮やかなほうがよいか淡いほうがよいか？　質感はクリアかマットか？**　というように順序立てて組み立てていくと、目的の色やイメージにたどり着くことができます。

例えば４シーズンカラーもそれぞれのシーズンの属性の方向性で組み立てると、同じシーズンの中でもバリエーション豊かなたくさんの色が選び出せます。

また、パーソナルカラーは色相、明度、彩度、清濁の４つの要素を比較しながら、似合う色の要素を明らかにしていきます。次のページから、パーソナルカラーを診断する４つの方向性についてご紹介します。４つの方向性の、それぞれの比較するポイントを覚えておきましょう。

Part2　イメージの色を導き出す

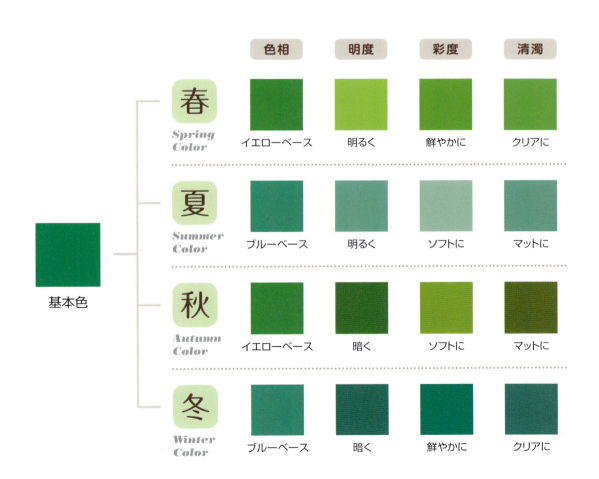

パーソナルカラーを診断する4つの方向性
その1 色相（ベースカラー）

イエローベースが似合う場合は肌の血色がよく見え、似合わない場合はくすんだ印象になります。ブルーベースが似合う場合は色白でスッキリして見え、似合わない場合は不健康な印象になります。

イエローベースは血色よく、ブルーベースは色白に見せる

　下のイラストを見てください。黄みが強い色ほど、肌の色が濃く感じませんか？ 場合によっては、肌の色に黄みが増したようにも見えるでしょう。逆に、青みに寄った色だと肌の色みが薄く抜けたような印象になり、色が白く見えます。

　人間の目は黄みに対して、明るく色みを強く感じ、青みに対しては、暗く色みが抜けたように感じます。O. N. ルードが提唱した「ナチュラル・ハーモニー」の見え方に通じます（P.52参照）。そのため、肌のそばに**イエローベースの色を当てると明るく肌の彩度が高く黄みが強くなったように感じ、ブルーベースの色を当てると暗く肌の彩度が低く色が白くなったように感じます。**なお、パーソナルカラーの診断時には、同じ色相（ベースカラー）のテストカラーでも、各色ごとの反応をていねいに見る必要があります。

← イエローベース　　　　　　　　　　　　　　　ブルーベース →

色相（ベースカラー）のカラーサンプル

ピンクに黄を混ぜるとカーネーションピンク、青を混ぜるとコスモスピンクなどができます。
同じ色相でもイエローベースかブルーベースかによって、肌の色は変化して見えます。

イエローベース / ブルーベース

エレファント

ミディアムブラウン

ブルーグレイ

ココアブラウン

スプリンググリーン

エジプシアンブルー

エメラルドターコイズ

ウルトラマリン

カーネーションピンク

ジャスミンイエロー

コスモスピンク

パステルイエロー

イエローベース

ブルーベース

写真のモデルの場合は、10人中8人※が、イエローベースのほうが似合うと判断しました。
※モニタリングに参加していただいた方の判断です。

Part2 イメージの色を導き出す

パーソナルカラーを診断する4つの方向性
その2 明度

そばに配する色が明るくなるほど、
肌は明るく、膨張して見えます。
反対に、暗くなるほど肌は暗く、収縮して見えます。

高明度は顔を明るくふっくらと、低明度は濃く輪郭を引き締める

　下のイラストを見てください。そばに配する色が明るくなるほど肌は明るく見え、暗くなるほど肌は暗く濃く見えます。

　通常、明度差のある配色では、**明るいほうの色はより明るく、暗いほうの色はより暗く見える現象**があり、これを「**対比**」といいます（P.56参照）。しかし、人と身に着ける色の配色では、互いの色が対比されるより同化して見えます（P.56参照）。そのため、**明るい色を身に着けると顔も明るく白く見え、暗い色の場合は暗く濃く見える**のです。

　明るい色が似合うと顔が明るく肌の色も均一に見え、似合わないとぼんやりと膨張して見えます。暗い色が似合うと顔の輪郭がスッキリして小顔効果はバツグンですが、似合わないと顔の中の線や影が目立ちます。

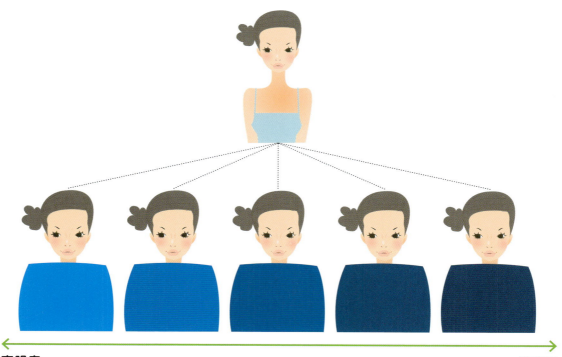

高明度 ←　　　　　　　　　　　　　　　　　　　　→ 低明度

明度のカラーサンプル

最も明度の高い色は白、最も明度の低い色は黒です。明度が高くなるほど明るく淡い色になって白に近づき、明度が低くなるほど暗く濃い色になって黒に近づきます。

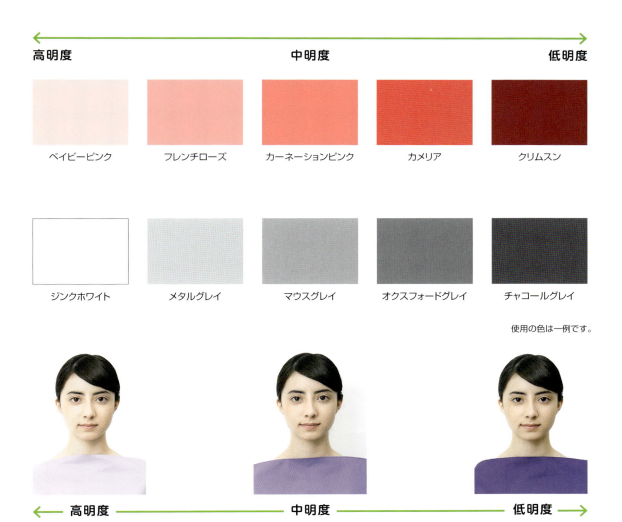

高明度		中明度		低明度
ベイビーピンク	フレンチローズ	カーネーションピンク	カメリア	クリムスン
ジンクホワイト	メタルグレイ	マウスグレイ	オクスフォードグレイ	チャコールグレイ

使用の色は一例です。

高明度 — 中明度 — 低明度

写真のモデルの場合は、10人中8人※が、中明度から高明度のほう（明るめの色）が似合うと判断しました。
※モニタリングに参加していただいた方の判断です。

Part2　イメージの色を導き出す

パーソナルカラーを診断する4つの方向性
その3 彩度（さいど）

彩度は派手・地味という印象に関係します。一般的に派手な色は彩度が高く、地味な色は彩度が低いといえます。高彩度の色を身に着けるほど肌の色みは強くはっきりと見えます。

彩度が高いほど派手な印象に、低いほど地味でソフトな印象になる

着ている服などの色が高彩度から低彩度に移行するにつれ、肌の色は濃く強い調子から薄くソフトな調子に変わって見えます。「派手な色が似合う」「地味な色が似合う」という印象は、実は彩度の観点で調和しているかどうかを見ている場合が多いのです。

明度と同様に、彩度も肌の色と身に着けた色が一体化して、同化して見える現象が起こります。つまり、**身に着ける色が鮮やかな高彩度色になるほど肌の彩度も高く見え、低彩度色になるほど肌の彩度も低く見える**のです。

なお、**彩度は純色に混ぜる無彩色（白・グレイ・黒）の割合が尺度になるため、明度と清濁の属性が連動して関わってきます。**彩度だけをしっかり見ることはなかなか難しいのですが、正しい判断には必要です。

● 彩度と彩度感の違い

彩度を見分けるのはなかなか難しく、まちがえやすいものです。例えば、同じ高彩度のトーンでも、ブライトトーンは白が混ざるので明るく軽い印象、ディープトーンは黒が混ざるので重く強い印象、ストロングトーンはグレイが混ざるので柔らかい印象に見えます。そのため、ディープトーンを最も高彩度と感じがちですが、これは彩度感であって、実際の彩度は同じです。（P.58参照）

高彩度　　　　　　　　　　　　　　　　　　低彩度

彩度のカラーサンプル

各色相の中で最も色みが鮮やかな高彩度の色を、純色と呼びます。下のカラーサンプルの上段は純色に白を少しずつ混ぜ、下段は黒を少しずつ混ぜて、どちらも高彩度から低彩度に変化させています。

写真のモデルの場合は、10人中8人※が、高彩度のほうが似合うと判断しました。
※モニタリングに参加していただいた方の判断です。

パーソナルカラーを診断する4つの方向性
その4 清濁（せいだく）

清色と組み合わせた肌色はツヤが出て、顔立ちもはっきりと見えます。
一方、濁色と組み合わせた肌色はマットでソフトに見え、顔立ちに立体感が出てきます。

肌色がクリアに見える清色、マットに見える濁色

顔のそばに清色を配すると輪郭や顔の中の線、色素などがクリアになります。そのため、肌にツヤ感が増して目鼻立ちがはっきりし、シャープな印象に見えます。これは、**清色には透明感があり、配色された色どうしの境界線がはっきり区別される輪郭線効果が生じる**ためです。

一方、顔のそばに濁色を配すると輪郭や顔の中の線がソフトになり、肌の色素も周囲の色と混ざり合ってぼかされ、マットで滑らかに見えます。そのため、目鼻立ちに奥行きが感じられ、ソフトな印象の見え方になるのです。これは、**濁色には濁り感があり、清色が色どうしの境界線をはっきりさせるのとは逆に境界線をなじませ、輪郭や肌の色みをぼかす効果がある**ためです。

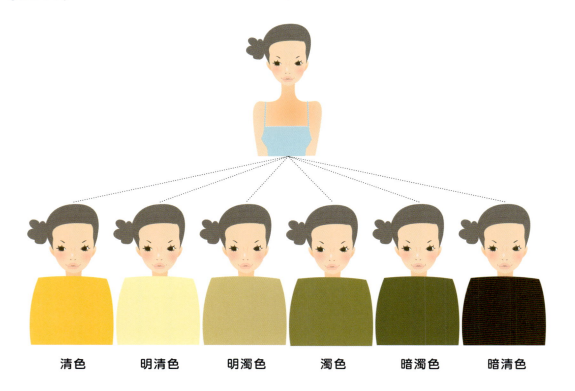

清色　明清色　明濁色　濁色　暗濁色　暗清色

清色・濁色のカラーサンプル

純色に白を混ぜると明清色、黒を混ぜると暗清色となり、明暗は異なっても透明感は共通しています。
濁色とは、純色に白と黒を合わせたさまざまな明度のグレイが混ざった、濁った色のことをいいます。

清色

ブラック	ストロングオレンジ
エメラルドグリーン	ダックブルー
ライラック	カシュミール

濁色

ミディアムウォームグレイ	フォーン
シーモス	フレンチターコイズ
ミスティモーヴ	エクリュー

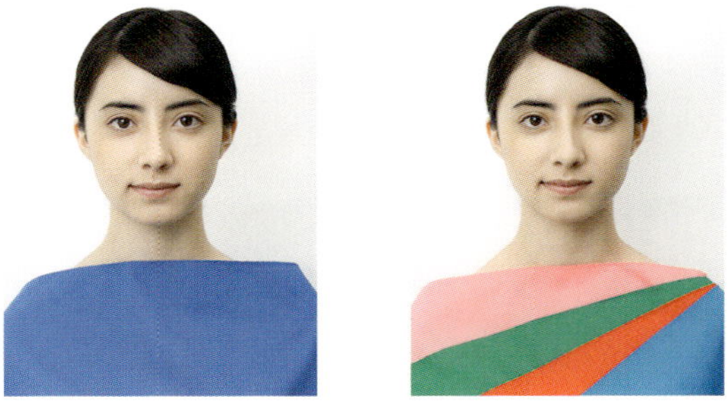

清色 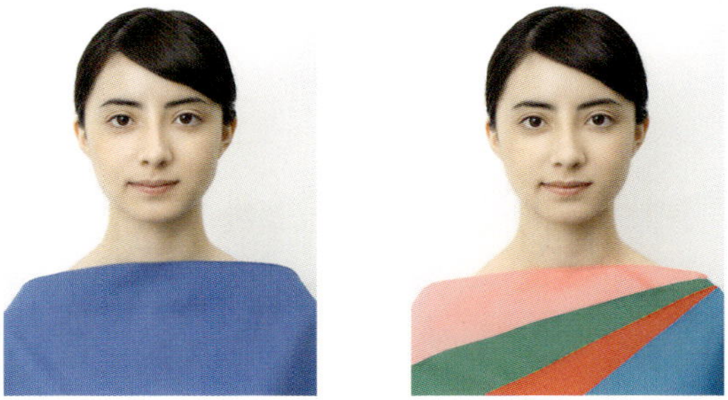　　　　　　　　　　　　濁色

写真のモデルの場合は、10人中8人※が、清色のほうが似合うと判断しました。
※モニタリングに参加していただいた方の判断です。

Part2 イメージの色を導き出す

テストカラーを当てたときの印象

パーソナルカラーの診断でテストカラーを当てたとき、よくも悪くもいろいろな印象を受けます。同じ条件の色でも人によって似合う、似合わないと感じることもあります。パーソナルカラー診断はその印象の理由を分析して、似合う要素を絞り込んでいく作業です。ここでは、よくある印象の事例とその理由を紹介しましょう。

印象	理由
血色がよく見える、健康的	イエローベースの代表的な印象です。 イエローベースで明度が高めの清色の場合などによくあります。
顔がピカピカして見える、グレア感（ぎらつき）がある	イエローベースで純色、高彩度、清色という条件が重なったときによくある印象です。
顔に黄みを感じる	イエローベースで、特に高彩度や低明度、濁色という条件が重なったときに感じる印象です。
顔が明るい／暗い	明るく見えるのは高明度、暗く見えるのは低明度の色によくある印象です。場合によってはイエローベースだと明るく、ブルーベースだと暗く見えることもあります。
顔色が濁る、くすむ	イエローベースの色によく見られる印象です。 濁色が似合わない場合に、そう感じることが多くなります。
肌が滑らかでゴージャスな感じ	イエローベースで濁色の場合によくある印象です。 明度が低め、彩度が高めという条件が重なると、さらに顕著です。
瞳がキラキラする、目力が強くなる	清色を当てたときに、よくある印象です。 明度が低め、彩度が高めという条件が重なると、さらに顕著です。
なじみがよい	濁色か、肌の色とベースカラーが同系色の場合によくある印象です。 これらの条件が重なったときは、さらに顕著です。
若々しい	イエローベース、高明度、清色のうち、複数の条件が重なったときに感じる印象です。
ソフトな印象	明度が高めの濁色を当てたときに、よくある印象です。
ぼんやりした印象	主に濁色を当てた場合の印象です。 明度が高め、彩度が低めという条件が重なったときは、さらに顕著です。
不健康な感じがする	ブルーベースに、彩度が低め、濁色という条件が重なっている場合によくある印象です。
寂しげに見える	ブルーベースに、明度が高め、彩度が低め、濁色という条件が重なっている場合によくある印象です。
輪郭がスッキリする、透明感が出る、色が白く見える	代表的なブルーベースの印象です。
きれい、かっこいい	抽象的な印象ですが、ブルーベースの清色を当てたときによくある印象です。 かっこいいと感じる場合は明度が低めのことが多いようです。
表情が硬い感じがする	ブルーベースに、明度が低め、清色という条件が重なっている場合に、よくある印象です。

Part3 色のしくみ編

多岐にわたる色の性質を見ていきましょう。パーソナルカラーのように実践的に色を扱う場では、性質を総合的に捉えて対応する力が必要です。

★Lesson **1** 色が見えるしくみを理解しましょう

★Lesson **2** 色の表し方 〜表色系と色名〜

★Lesson **3** 色彩の調和を学びましょう

★Lesson **4** 配色法のバリエーション

Lesson 1

色が見えるしくみを理解しましょう

色の見え方は光源、物体、目、心理的な要素など、さまざまな条件によって変化します。目が光を色に変換して認識するしくみや光源の違いを理解することで、より正確なパーソナルカラー診断が可能になります。

現場で必要な知識

色の成り立ちと性質

物理学者I.ニュートンは「光線に色はない」という有名な言葉で色の性質を表しました。色はもともと光というエネルギーの一種で、電磁波の仲間です。微粒子の構造をもち、音と同じように波動で伝わります。この380〜780nm(ナノメートル)の範囲の波長をもつエネルギーは、「**可視光線**」と呼ばれています。波長の範囲は短波長が青、中波長が緑、長波長が赤の色を感じさせます。この3色が重なると無色透明の白色光になります。しかし、これ自体に色はついていません。**色は光のエネルギーの刺激に対する反応として起こる、心理現象なのです。**

目は光の刺激を受け電気信号に変換し、大脳にその情報を送ります。大脳はその電気信号を解析し、ここではじめて、色という知覚が生じます。大脳は経験や状況、学習から総合的な判断を加えて色を知覚するので、あるがままの状態ではなく、アレンジをします。それが、同化や対比をはじめ、単色の場合と他の色と配色された場合では同じ色が違って見えることなど、さまざまな視覚的錯覚が生じる理由です。

大脳は人が生物として生き残り、進化するための総合的な司令塔としての役割を担っています。目は視覚という役割を受け持つ、大脳の出先機関といえます。そのため、目は少しの色の違いでも、差別化して見分けられるように進化する必然性があったのです。

診断の場の光源を考慮した提案

パーソナルカラーの仕事の現場では光源の特長の確認が必須です。クライアントから光源を確認されることもあり、蛍光灯の表記なども読み取れなければなりません。光源の影響を考慮した提案をすることも求められます。

「光源」「物体」「目」それぞれの条件が変化するたびに、色の見え方は異なります。そのため、パーソナルカラー診断は右の3点に留意して行うことが大切です。

パーソナルカラー診断時に気をつけること

1. 光源の色の状態
パーソナルカラーを診断する場所の、光源の色を確認しましょう。

2. 物体の色の特性
クライアントの肌の色や、テストカラーの色の特性を把握しましょう。

3. パーソナルカラリストの目
嗜好や勘、イメージに頼らない、客観的な尺度で色を見ましょう。

Part3 Lesson1 ● 色が見えるしくみを理解しましょう

色を認識するしくみ

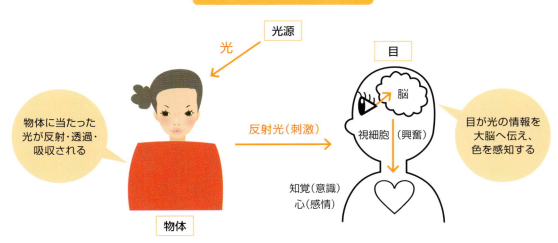

光源 → 光 → 物体
物体に当たった光が反射・透過・吸収される
反射光（刺激） → 目
視細胞（興奮） → 脳
目が光の情報を大脳へ伝え、色を感知する
知覚（意識）
心（感情）

色は物理的なエネルギーを心理的な現象として捉えたもので、「光源のエネルギーの量とその分光特性×物体の反射率特性×目の感度」の式で算出される、心理物理量値で表されます。

その1 光源

色が見える3つの条件に光・物体・目があり、それぞれの条件が変われば色の見え方も変わります。パーソナルカラーを診断する際、光源についても適切なものを選択する必要があります。

診断に適切な基本の照明光源

パーソナルカラーを診断する場合、光源の色は大切な条件になります。**物体色の見え方は光・物体・目（視覚）の各々の条件が変われば変化します。**そのため、場所が変わると同じ色が違う色に見える、ということが起こるのです。

パーソナルカラーの仕事では、現場の光源の性質を理解する知識が求められます。光源の色を数値に換算した色温度（単位はK＝ケルビン）、光源で照らされた場所の明るさを表す照度（単位はlx＝ルクス）、照明光が物体の色の見え方に影響を及ぼす演色性の3つのポイントをチェックしましょう。

一般的にパーソナルカラーの診断は、明るい自然光の入る場所か、それに準じた人工光源の設置された場所で行います。逆に、黄みが強い白熱灯はパーソナルカラー診断には向きません。

色を見る際の理想的な光源は自然昼光で、北窓からの採光（北空昼光）という条件です。北側からの光は安定していることが多いため、北空昼光は好条件とされます。

さまざまな光源の分光分布図

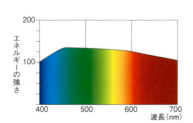

太陽光

エネルギーの波長に偏りがなく、ほぼ均等に含まれています。そのため、太陽光は無色透明な明るい白色光に感じられるのです。

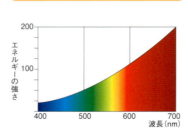

白熱灯

白熱灯はタングステンランプともいいます。エネルギーの波長が長波長に偏っているため、色みが黄色く感じられます。

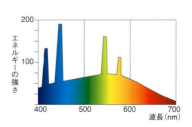

蛍光灯

エネルギーの波長は青～緑が突出しているため、色みが青みを帯び、明るく感じられます。突出している部分を輝線といいます。

標準イルミナントと標準光源

色を測るときの光源の基準として、CIE（国際照明委員会）が定めた標準の光を標準イルミナントといいます。分光分布上の理論的な光で、現実の光ではありません。JIS（日本工業規格）では、これを基にした人工光源として、標準光源を規定しています。標準イルミナントAに一致する標準光源は白熱灯、標準イルミナントD65（合成太陽昼光）に一致する標準光源はないので、近い常用光源D65（昼光色蛍光灯）を用いています。

標準の光の分光分布図

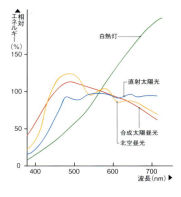

どのような波長の光がどのような強さで発生しているのかを単色光ごとに光がもつ特性で表したグラフ。縦軸がエネルギーのパーセンテージ、横軸が波長の長さを表しています。

色温度

色温度とは、色を温度表示することです。しかし、実際に色が熱を伴うわけではなく、物体が燃焼するとき、高温になるにつれて黄赤を帯びた色から青白い色に変化していく特性を、数値に置き換えて表示したものです。**単位をK（ケルビン）で表します**。測色する場合はCIEの規定で、基本的には色温度約6,500Kの照明を用います。これは紫外波長域を含む光源で、人工光源では昼光色蛍光灯が該当します。

さまざまな光源の色温度

光源の種類	記号	色温度
電球色	L	2,600～3,150K
温白色	WW	3,200～3,700K
白色	W	3,900～4,500K
昼白色	N	4,600～5,400K
昼光色	D	5,700～7,100K

照度

照度とは、どれだけ対象物が「光に照らされているか」を表す指標です。単位はlx（ルクス）で表します。パーソナルカラー診断をする際に、照度が低いと色を見分けにくいので、まぶしさを感じない範囲でできるだけ照度が高く、明るい照明環境を心がけてください。照度の目安は1,000～2,000lxです。

場所による照度の違い

晴天の屋外	100,000lx
明るい窓際	2,000lx
本を読む明るさ	1,000lx

Part3 Lesson1 ● 色が見えるしくみを理解しましょう

演色性

演色性とは、**照明光が物体色の見え方に及ぼす影響のこと**です。太陽光などの基準光に対し、各種の人工光源による物体色の再現が、どれだけ忠実かを数値で表したのが**演色評価数**です。

基準光と全く同じ色に見える場合をRa100とし、ズレて見える場合はそこから減点して表します。色を見る際にはRa80以上、色を比較する際にはRa90以上の照明が必要です。蛍光ランプの場合も、高演色形などRaの値が高いほうが好ましいです。

現在、省エネ効果の優れたLED照明は、一般家庭でも使用される電球形LEDランプをはじめ、施設照明・屋外照明などの幅広い用途で需要が拡大しています。

LEDとはLight Emitting Diodeの頭文字で「光る半導体」の略称です。寿命が長い、消費電力が少ない、応答が速いなどの基本的な特長をもった照明です。赤や橙、黄緑などのLEDは1950年代以降実用化され、1993年に明るく点灯する青色LEDが実用化されました。1996年には黄色の蛍光体と組み合わせ白色に光るLEDが完成したのに伴い、照明用として着目されました。

蛍光ランプの演色性

参照：JIS Z 9112　蛍光ランプの光源色及び演色性による区分

演色性の種類		光源色の種類	記号	Raの最低値
普通形		昼光色	D	69
		昼白色	N	67
3波長域発光（高効率高演色形）		昼光色	EX−D	80
		昼白色	EX−N	80
高演色形	演色AA	昼光色	D−SDL	88
		昼白色	N−SDL	86
	演色AAA	昼光色	D−EDL	95
		昼白色	N−EDL	95

蛍光灯には演色性を光源色とともに「N−EDL」のような記号で表示しているものと、「演色AAA」のように表示しているものがあります。DLはデラックス、SDLはスーパーデラックス、EDLはエクストラデラックスの略語です。

その2 目

目は視覚からの情報を得る器官です。
独立した器官というより、データを集めて
大脳という決定機関に送る、
出張所のような役割を果たしています。

目の構造と働き

目は直径約20〜22mmの球状で、3層の膜に覆われています。一番外側の強膜は遮光されており、前方のみが透明な角膜になっています。その内側の脈絡膜は血管組織があり、栄養分を運びます。最も内側の網膜に、外部から届いた光が結像されます。

外部からの光は、主に虹彩で量を調整され、角膜、水晶体でそれぞれ屈折して焦点距離を合わせ、コロイド状の硝子体を通って網膜に達します。網膜には錐状体と桿状体の2種類の視細胞が存在します。中心窩の周辺に約700万個が密集している錐状体は、**赤・緑・青の波長を感受できる3種類に分けられます**。桿状体は約1億2,000万個が錐状体を取り囲むように網膜全体に分布し、**高感度に明暗に反応します**。これらの視細胞は情報を大脳に送るために、神経層を経て視神経に接続しています。視神経が束ねられて眼球から出ていく口を視神経乳頭といいます。ここには視細胞がないため、ここに結ばれた像は見ることができません。これが、盲点といわれる部分です。

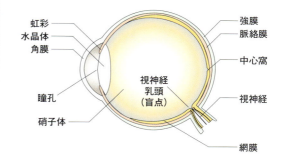

眼球の構造

Column

瞳の色について　パーソナルカラーにおける瞳の色

パーソナルカラー診断をする場合に、瞳や白目の色は重要な要素のひとつです。瞳の色は瞳孔に入る光の量を調節している虹彩の色素によって決まります。

メラニン色素の少ない欧米人には青や緑、淡いブラウンなどさまざまな色の瞳が見られ、明らかな色相の違いを意味することがあります。また、虹彩が淡い色であれば、虹彩の中に見える線や形も印象を左右します。

一見してメラニン色素が多い「黒い瞳」の日本人は、虹彩の中の線や形が見えにくいため、欧米人ほど見た目の印象に影響はありません。とはいえ、黒い瞳にも明るいブラウンから濃いダークブラウンまで、微妙な色みの違いがあります。

診断では瞳の色や白目の色、そのコントラストなど、見た目の印象に関わる部分をチェックします。

その3 物体

物体の見え方は、色みや質感などさまざまな条件に対して、光が吸収・反射・透過といった反応を起こすことで変化します。

物体の色

この世界にはじめから色のついたものはありません。物体があっても、そこに色を感じさせるには光のエネルギーが必要です。色を感じさせるエネルギーを可視光といいます。可視光域のエネルギーが物体にぶつかったときに、物体の色は生まれるのです。

可視光は380nm〜780nmの波長域をもつエネルギーで、物体にぶつかると吸収・反射・透過という反応を起こします。その時点で吸収されてしまった波長は目に届かないので、人に色という知覚を生じさせません。**反射や透過の反応の後、目に届いた波長がさまざまな物体の色を感じさせてくれるのです。**

物体の質感

物体には色とともに質感があります。質感の違いを感じさせる色の見え方について、シリーズ本の『新はじめてのパーソナルカラー』では、物体の反射の条件の違いから起こると説明しました。ここでは色の見え方の違いについて、さらに詳しく考察してみましょう。

パーソナルカラーの現場で「色の見え方」を整理すると、いわゆる色の三属性、色相・明度・彩度だけでは処理しきれない見え方があります。それは質感です。質感は、パーソナルカラーでは清濁で判断します。物体は常に質感を伴っているため、パーソナルカラーで人と色との調和感を診断するときでも、質感は大きな影響があります。パーソナルカラー診断ではこれを正反射と乱反射の度合いによって異なる見え方として捉えます。

右の図を見てください。黒丸も赤丸も、形がはっきりしているAは色みも濃く硬い感じがします。輪郭がぼやけているBは色みも薄く柔らかい感じがします。例えばふわふわしたセーターときっちり織られた布地では、同じ色でも色みも質感も違って見え、用途まで変わってきます。

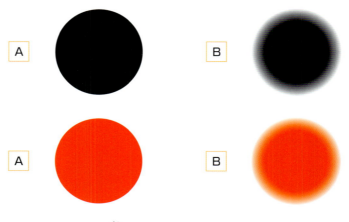

色を見るときは質感に注意を

パーソナルカラーで表面色や面色の見え方と似た効果があるのは、清色と濁色です。肌に対し**清色のテストカラーを当てると、肌は表面色的な見え方になります**。すなわち、顔の輪郭やパーツ、ほうれい線、顔の中の色みの違いなど、線や色素をはっきりとクリアに感じさせ、平面的で硬く、光沢感があるように感じられます。それに対し**濁色は、面色的な見え方になります**。濁色のテストカラーを顔の近くに当てると、輪郭やパーツ、ほうれい線はぼやけてソフトに見え、顔の中の色素も均一に混ざりこんだように見えます。質感が柔らかく、奥行きが感じられる見え方になります。

パーソナルカラーを診断するときの印象として何気なく感じる、「なじみがよい」「色が浮かない」などは濁色が原因である場合が多く、「目力がある」「ツヤツヤしている」という印象は清色に原因があります。

Column

表面色と面色について　立体感を左右する表面色と面色

ドイツの心理学者のD.カッツは色の現象学的な観察により、見えるがままの色の見え方の違いを9種類（※）の特性として提唱しました。その中で最も代表的なものに「表面色」と「面色」があります。

表面色とは物体の表面を彩っている色の見え方のことで、形状、質感、距離感がはっきりとわかり、硬さの印象もあります。例えば、目の前に青い壁がある場合、壁までの距離や壁の大きさ、表面の質感などの判断ができます。それに対して面色は、物体がなくて色そのものだけがあるような見え方です。たとえるなら、寝転んで雲ひとつない青空を見ているような感じです。遠くでもあり、近くでもあるようで、空との距離を測ることができません。空の形状もわかりません。手を伸ばせば突き抜けてしまうような奥行きを感じ、どんな質感なのかよくわかりません。このように、色しか認識できないような見え方を面色といいます。

※D.カッツによる9種類の色の見え方の定義

- 面色(film color)
- 光輝(luminosity)
- 透明表面色(transparent surface color)
- 表面色(surface color)
- 灼熱(glow)
- 鏡映色(mirrored)
- 空間色(volume color)
- 透明面色(transparent color)
- 光沢(luster)

現在では、表面色と面色の見え方の違いは、テレビ、パソコン、スマートフォンなどのモニターでの色の見え方と、紙媒体のようなハードコピーでの色の見え方の違いとして、大きな課題になっています。

つまり、「パソコンなどのモニターは光源色であり、紙などのハードコピーは物体色なので色の見え方が違う」と感じられるのです。現代社会のインターネット通販などでは、モニター色と実際の色の違いはクレームに繋がります。これは質感が大きく影響しているからです。パーソナルカラーでは肌の質感を個性として捉えますが、モニター色とハードコピー色の一体化が課題となっている分野もあり、質感による色の見え方は注目すべきポイントです。

Lesson 2

色の表し方
～表色系と色名～

色の表し方には、色を一定の秩序にのっとって体系化した表色系による方法と、色名による方法があります。代表的な表色系2種類と、代表的な色名を紹介します。

表色系① マンセル表色系

マンセル考案の表色系

20世紀初頭、アメリカの美術家A．H．マンセルは、色を人の目による判断（視感評価）に基づき、色相・明度・彩度の三属性をそれぞれ等歩度間隔で示した表色系を考案しました。これが**マンセル表色系**です。その後修正され、現在では日本のJIS（日本工業規格）にも採用されています。パーソナルカラーでも、マンセル表色系に対応できる知識が要求されます。

色相（Hue：ヒュー）

色相はHue（ヒュー）という用語で表します。基本の色相はR（赤）・Y（黄）・G（緑）・B（青）・P（紫）の5つで、さらにその中間にYR（黄赤）・GY（黄緑）・BG（青緑）・PB（青紫）・RP（赤紫）の5色相を配置した、計10色相を定めています。各色相はさらに10分割され、最終的には100色相に分割されます。

明度（Value：バリュー）

明度はValue（バリュー）という絵画用語で表します。全ての光を完全に吸収した黒を0、全ての光を完全に反射した白を10とした、11段階に分かれています。実際に見ることができる範囲は黒が1、白が9.5までと設定されています。

彩度（Chroma：クロマ）

彩度はChroma（クロマ）という用語で表します。無彩色を0とし、彩度が高くなるにつれ、数値も上がります。ただし、彩度の最高値は色相により異なります。たとえばBGの最高値は8ですが、Rの最高値は14です。マンセル表色系は彩度の限界を定めていないため、より鮮やかな新色にも対応できます。

マンセル表色系の色相環

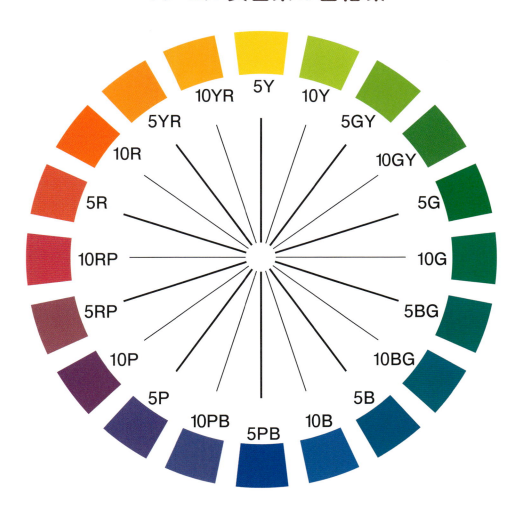

マンセル表色系の表記

有彩色は色相 明度/彩度（H V/C）の順に表します。例えば5R4/14（ごあーるよんのじゅうよん）は、色相は赤の中心になる5R。明度は4（中くらいの明るさ）、彩度14（赤の中で最も高彩度）という意味で、純色の鮮やかな赤を表します。無彩色はNeutral（ニュートラル）の頭文字Nに、N1のように明度段階の数値をつけて表します。

5R4/14

各色相を10分割する

1から10まで分割されて時計回りに番号がつき、5は中心色相を意味します。R（赤）なら1RはRP（赤紫）に近い赤、10RはYR（黄赤）に近い赤を表します。

表色系② PCCS

日本開発の表色系

PCCSは、Practical Color Co-ordinate Systemの略称です。「**日本色研配色体系**」ともいい、日本でオリジナルに開発された表色系です。色相とトーンを用いているため配色しやすく、教育現場やデザイン分野などで普及しています。PCCSに対応した配色カードは広く活用され、トーン分類を基に199色までの色数があります。PCCSにおける色の三属性は次のように表します。

色相（Hue：ヒュー）

色相環は心理4原色（赤・黄・緑・青）を基に対角線上に心理補色を配し、さらに各色の間にバランスよく色相を配置して、24の色相から組み立てられています。

明度（Value：バリュー）

17段階に分けられていますが、9段階で用いられることが多く、1.5、2.5、3.5、4.5、5.5、6.5、7.5、8.5、9.5の値で表します。数値が高いほど明るくなります。

彩度（Chroma：クロマ）

彩度は無彩色を彩度0、知覚的に最も鮮やかな色を彩度9としています。PCCSの純色は視覚的な評価実験に基づく各色相の代表色とされ、マンセル表色系と区別するためSaturation（サチュレーション）という単位を用いて9sのように表記します。

Column

マンセル表色系とPCCS　どちらの表記でも色がわかる力が必要

日本では主に教育の場ではPCCSを学び、産業界ではJISが採用しているマンセル表色系を使う場合が多いようです。そのため色に関係する仕事の現場では、両方の表色系の表記に対応できる知識が必要になります。パーソナルカラリストとして仕事をする場合も、PCCSやマンセルの色表記を示されたときに、数字や記号からおおまかな色の特定ができることが求められます。

P.125〜126に、PCCS記号—マンセル記号の対応一覧表があります。ご参照ください。

PCCSの色相環

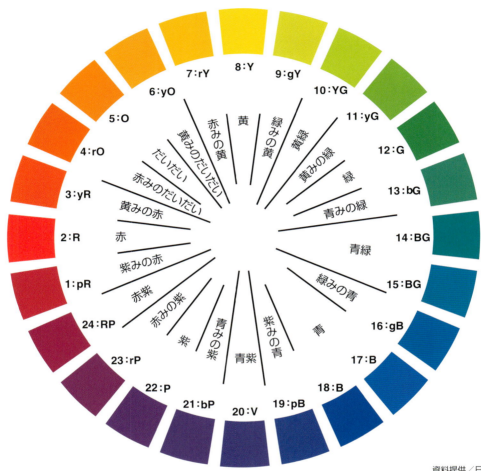

資料提供／日本色研事業

PCCS表記

三属性表記では、色相-明度-彩度の順に表します。例えば2:R-4.5-9sなら、2:R（赤）、4.5（中くらいの明るさ）、9s（赤の中で最も高彩度）の純色の赤です。トーン表記ではv2で表し、ビビッドトーン2番のことです。

2:R-4.5-9s

色名

色の名前を知る

色の表し方のひとつが、色の名前=色名で呼ぶ方法です。色名はたくさんあり、ある時代を反映して一時的に流行したもの、伝統的に使われ続けてきたものなど、さまざまです。その中でも、長期的に広く一般に知れ渡っている色名を慣用色名といいます。ここでは、慣用色名の中でも代表的なものや、それにまつわる簡単な由来を紹介します。なお、慣用色名とは特定の1色を表すのではなく、ある範囲の色の総称です。

赤系統

色	名前	説明
	紅（くれない）	紅花の花びらの色素から作られる鮮やかな赤。特権階級にのみ許される高価な染料で、別名は唐紅。
	茜（あかね）	植物由来の染料として、人類最古のもののひとつ。赤根と表記することもあります。
	バーミリオン	赤の代表色のひとつで、硫化水銀に含まれる朱色を表します。
	スカーレット	赤臙脂虫によって染められた赤色。カーマインより黄みが冴えています。
	カーマイン	コチニール染料で染めた赤色。サボテンに寄生するカイガラ虫から採れる色です。
	マゼンタ	色料の三原色のひとつで、赤紫色。この染料が作られた当時のイタリア戦線の地名に由来します。
	ボルドー	ボルドーという色名は、フランスのボルドー産赤ワインが由来。暗い赤紫を表します。
	ワインレッド	名前の通り、赤ワインのような色がワインレッド。濃い赤紫色を表します。
	蘇芳（すおう）	マメ科の蘇芳の心材を煎じて染めた色。日本でも古くから使われている色で、くすんだ紫みの赤です。
	ウォーターメロン	ウォーターメロンとはスイカの赤のこと。やや青みを帯びた赤で透明感のある軽やかな色です。
	ポピーレッド	一般に、ヒナゲシやケシの花の赤からつけられた英語名。日本では虞美人草とも呼ばれます。
	ブラッドレッド	ブラッドレッドはビーナスの血を意味し、英国で最古の色名のひとつといわれています。
	ローズマダー	西洋茜。根にアリザリンを含む色素があり、1866年に化学的な製法が開発され色名として広がりました。

ピンク系統

色	名前	説明
	鴇色（とき）	鴇が飛ぶときに見える風切羽のような色で、薄いピンクを表します。
	一斤染（いっこんぞめ）	薄いピンクを表す色名。一斤の紅花で絹一疋（いっぴき）を染めた、という意味で名付けられました。
	コーラルピンク	コーラルは珊瑚という意味。珊瑚のようなオレンジがかったピンクを表します。
	オールドローズ	ややくすんだバラの花びらのような色のピンク。イギリスのビクトリア朝で流行した色です。
	ピンク	なでしこの花びらの色のような、淡く柔らかい紅色を表します。

色	色名	説明
	フューシャ	熱帯アメリカ原産のフューシャという木の花の色が由来で、鮮やかなピンク色です。
	ベイビーピンク	ヨーロッパで乳幼児服の標準色として習慣的に用いられた色で、英国では女児服の色とされていました。
	パステルピンク	パステル画のような色調の、明るく淡く柔らかい感じのピンクをいいます。
	シェルピンク	ある種の貝殻の内側に見られる薄いピンク。桜貝に見られるような薄いピンクを表す色名ともいわれます。
	サーモンピンク	鮭の身の色。ヨーロッパでは、18世紀の終わり頃にはすでによく使われていたようです。
	カーネーションピンク	カーネーションの花の色からつけられた色名。16世紀から使われており、元来肌色のこともありました。

オレンジ系統

色	色名	説明
	黄丹（おうに）	赤みがかった橙色を表します。皇太子が着る礼服の色で、一般人には禁色とされていた時代もあります。
	柑子色（こうじ）	オレンジより少し黄みがかった色で、日本原産の柑子蜜柑の色といわれています。
	弁柄色（べんがら）	弁柄格子の色として有名な赤褐色を表します。インド東部のベンガル地方でとれる酸化鉄顔料の色です。
	タンジャリン	モロッコにある港町タンジール原産のオレンジの色に由来する、オレンジ色の一種です。
	クロームオレンジ	鮮やかなオレンジ色を表します。クローム顔料から作られています。
	キャロット	名前の通り、ニンジンのような赤みが強いオレンジ色を表します。
	サンオレンジ	太陽の輝きを思わせる明るいオレンジ。同じ連想から、日出の色を表すサンライズイエローもあります。
	フレーズ	火が光を失って色が暗くなり、くすぶって見えるような赤のことをいいます。柿色も近似している色です。
	フォックス	狐の毛皮のような色のことをきつね色といい、食物のほどよく焼き上がった様などを形容します。

黄系統

色	色名	説明
	山吹色（やまぶき）	日本古来の代表的な色で、山吹の花のような色を表します。
	支子色（くちなし）	支子の実で染めたような、濃い黄色を表します。なお、支子と紅で染めると、黄丹の色になります。
	カーキ	岩や土埃のような黄褐色を表します。19世紀のイギリスの軍服に使われました。
	レモンイエロー	名前の通り、レモンのような黄色。緑みを帯びた爽やかな黄色です。
	アイボリー	アイボリーとは、象牙という意味。象牙のような灰みを帯びた、淡い黄色を表します。
	キャナリー	キャナリーとは、鳥のカナリアのこと。カナリアの羽のような鮮やかな黄色を表します。
	エクリュー	エクリューとは漂白しない、生のままの糸や布のことをいいます。
	カシュミール	薄い赤みの黄。カシュミールはチベット産の山羊に羊毛を混ぜて作った高級織物。そこから採った色名です。
	アコナイトイエロー	アコナイトはトリカブトのこと、その花の色から名付けられた黄。黄の薄い領域を示す色名です。

Part3 Lesson2 ● 色の表し方 〜表色系と色名〜

ダファディルイエロー	ダファディルは野山に自生するラッパスイセンのこと。その黄を表す色名です。
サフラン	サフランの花の色ではなく、この花の柱頭を乾燥させた染料の色のことです。主に食品の着色に使われます。
クリームイエロー	乳脂の色のことをクリームといい、クリームが黄みの形容に使われている例です。

茶系統

黄櫨染(こうろぜん)	天皇が着用する袍の色で、かつては禁色のひとつ。日の光をイメージした、赤みのある茶色を表します。
ベージュ	漂白・染色をしていない毛織物のような色を表します。素材そのものの色です。
キャメル	キャメルとは、動物のラクダのこと。ラクダの毛色に似た茶色を表します。
セピア	暗褐色を表します。イカの墨の分泌液から作られた絵の具の色が、色名の由来です。
ココア	チョコレートより明るい茶色で、カカオが色名の由来。ヨーロッパの伝統色のひとつです。
コーヒー	コーヒーのような茶色を表します。17世紀から、色名として使われだしたといわれています。
鳶色(とびいろ)	タカ科の鳥、鳶の羽の色からつけられた色。日本各地で生息していたため近世では多く用いられました。
チョコレート	ミルクを入れないカカオから作られた、チョコレートのような色。ココア色より少し暗い茶色です。
チェスナットブラウン	マルーンより小粒の栗の実の色からつけられた色名です。

ヘンナ	エジプトや近東地方などの熱帯植物で、指甲草と呼ばれる木の葉から取られた染料の色を表す色名です。

緑系統

萌葱色(もえぎ)	葱の新緑の若芽のような緑色を表します。日本の伝統色で、萌黄と書くこともあります。
青磁色(せいじ)	明るく淡い、青みのある緑色を表します。中国で最初に作られた磁器である青磁の色として有名です。
モスグリーン	モスとは、植物の苔のことです。落ち着いた渋い黄緑色を表します。
オリーブ	色名の由来は、植物のオリーブ。オリーブの実の色のような暗い黄色を表します。
エメラルドグリーン	緑玉(りょくぎょく)、緑柱玉(りょくちゅうぎょく)とも呼ばれる宝石のエメラルドのような、鮮やかな緑色です。
マラカイトグリーン	濃い緑を表します。孔雀石またはマラカイトと呼ばれる鉱石の色です。
スプリンググリーン	西欧では、5月の美しい新緑の木の葉の色をスプリンググリーンと呼んでいます。
ティーグリーン	茶道が一般に普及してから色名にも使われるようになり、抹茶色・緑茶色は英語圏でも色名になっています。
シーモス	シーモスはコケムシともいわれ、植物や岩に群生して苔のように見えるため、この色名がついています。
エバーグリーン	常緑樹の不変の緑の美しさを表した色名。英国ではクリスマスのときわ木の色が連想されています。
スレートグリーン	もともとは灰みの緑で屋根をふくための粘板岩の色。オリーブグレイから青みの灰色まで色調はさまざま。

青系統

藍色（あい）	藍染めで作り出される濃い青色のことで、一般的には紺と呼ばれています。
新橋色（しんばし）	西洋から日本に輸入された化学染料で染められた青。新橋の芸者の間で流行したことが色名の由来です。
浅葱色（あさぎ）	薄い葱の葉の色のような色。藍染めの浅く染めた段階で出る、緑みがかった青色です。
シアン	鮮やかな緑みがかった青を表します。色料の三原色のひとつです。
アクアマリン	ラテン語で海水という意味をもつ色名で、おだやかな青緑色を表します。
インディゴ	色名はインド藍で染められた青色という意味で、13世紀に登場した色です。
ターコイズブルー	ターコイズとは、トルコ石を表します。ターコイズブルーはトルコ石のような緑みがかった青です。
スカイブルー	明るい青を表します。名前の通り、晴れた青空に似た色です。
ラピスラズリ	ラピスラズリは、昔から宝石や顔料として重宝された鉱物。深く澄んだ青色です。和名は瑠璃。
セルーリアンブルー	ラテン語の空を意味する語源をもつ、19世紀ごろから知られるようになった顔料の名称です。
ヒヤシンスブルー	ギリシャ神話でヒアキントスという美少年の血の中から生じたといわれる、ヒヤシンスの花の色です。
ダックブルー	強い緑みの青。鴨の羽の色を由来としており、英・仏の色名では鴨の羽の青色といわれています。

ホライズンブルー	夜明けの空の地平線上に現れる、ごく淡い空の色を表す色名です。
アイブルー	明るい灰みの青のこと。漠然とした色名で、西洋人の目の虹彩の色の一種、いわゆる青い瞳を意味します。
鉄紺	暗い緑みの青。焼き物で釉薬に鉄を含んだものは緑みの紺色になることから、この色名となりました。
ターキーブルー	トルコの青といってもターコイズブルーではなく、東洋から西欧に渡った陶磁器の色の青を意味します。
インクブルー	青インクの色のこと。紫がかった深い紺色です。藍色に近似しています。

紫系統

江戸紫（えどむらさき）	青みのある紫。歌舞伎十八番と呼ばれる演目のひとつ、「助六」の主役がしめている鉢巻きの色です。
京紫（きょうむらさき）	やや赤みのある紫で、日本の伝統色である古代紫を受け継ぐ色です。
ラベンダー	ラベンダーの花のような色。青みがかった薄い紫色を表します。
モーヴ	1852年にコールタールで作られた紫のような色。人類初の化学染料で染めた色です。
ピアニー	華やかな赤紫色を表します。ピアニーとは、シャクヤクの花という意味です。
オーキッド	オーキッドは、ラン科の花の総称。この花びらのような薄い紫を表します。
ライラック	ライラックの花びらのような、薄紫色。ラベンダーに比べて、やや赤みがあります。

Part3 Lesson2 ● 色の表し方 〜表色系と色名〜

49
Personal Color

色	名称	説明
	パンジー	青みの強い鮮やかな紫を表します。パンジー（三色すみれ）のような色です。
	ヘイズィライラック	明るい灰みの紫。かすみのかかったような、淡いライラック色です。
	バイオレット	スミレ属の各種の花の色を表すビオラに由来しており、ニュートンのスペクトル色の短波長端の色です。
	ロイヤルブルー	紫みの強い青です。格調の高い最高の青で、王の象徴であるキングス・ブルーと同じ意味をもっています。
	パープル	古代から格調の高い色として重んじられており、赤にも青にも偏らない本物の紫という意味があります。
	躑躅色（つつじいろ）	赤紫を代表する伝統色のひとつ。赤ツツジの花の色に由来し、平安時代の貴族は春の色として用いました。
	鈍色（にび）	昔は喪服に用いられた色で、青みのある灰色。薄墨染めに露草の色をさして染めたような色です。
	シメント	ミディアムグレイの一種で、セメントのようなグレイのことをいいます。
	チャコールグレイ	黒に近い、暗いグレイを表します。チャコールは、炭という意味です。
	黒	物体色の最も暗い色、ブラックを象徴する色です。微妙に違うニュアンスをもった色が多くあります。

白・グレイ・黒系統

色	名称	説明
	鉛白（えんぱく）	かつてはおしろいとして使われていた、鉛から作られた白色顔料のような色です。
	乳白色（にゅうはくしょく）	透明感のない白を表します。乳のような黄みを帯びた白です。
	オイスターホワイト	オイスターとは、牡蠣のこと。牡蠣の身の色に似たオフホワイトを表します。
	スノーホワイト	白い雪という名前の通り、雪のように一点のくもりもない純白を表します。
	ピンクグレイ	淡いピンクみを帯びた明るいグレイで、和名は暁鼠（あかつきねず）、桜鼠（さくらねず）などといい、江戸時代の流行色でした。
	銀鼠（ぎんねず）	明るい灰色を表します。銀には明るいという意味があり、「白銀の世界」のように使われます。

# ユニバーサルカラーについて

同じものを見ていても、同じ色に見えているとは限らないのです。

UCとは

UCとはユニバーサルカラーの略で、色のユニバーサルデザインのことです。

色のユニバーサルデザインとは、「色覚の多様性に配慮した、誰もが見やすい色使い」のことです。世の中にはさまざまな「色の見え方」をする人がいることを正しく理解して、配慮し、誰もが見やすい色の使い方をしていこうとすることです。パーソナルカラーのように「色」を扱う立場からいえば、色覚の多様性を知り、知識を得ることは、必要であり重要なことです。

人が「色」を見るとき、その見え方には、さまざまな「色覚の多様性」があります。『特定の色の組み合わせが判別しにくい』人の割合は、日本人男性で5％（20人に1人）、女性で0.2％（500人に1人）となっています。国内だけでも男女を合わせておよそ350万人、世界では約2億人が『特定の色の組み合わせが判別しにくい』という計算になります。

「色覚特性」は以下のような原因によって生まれます。

1. 先天性の色覚異常 （遺伝によるもの）	3. 加齢による色覚変化 （水晶体の光学特性などの変化によるもの）
2. 後天性の色覚異常 （病気・ケガ・心因性によるもの）	4. ロービジョン （病気やケガによる視力低下と視野欠損によるもの）

このような人たちには、一見わかりやすく色分けされている路線図やグラフ、危険を知らせるような標識・サイン、電源のONやOFFを区別するパイロットランプなどが、同じような色に見えてしまっている可能性があります。生活に支障があるばかりではなく、安全性を脅かされるケースもあるということです。

人は誰もが同じ色を見ていると思いがちです。しかし、「バラ」の色を「赤」という同じ色名で呼び合っていたとしても、Aさんの見ている「赤」とBさんの見ている「赤」が、同じ色に見えているという保証はありません。

ご紹介した通り、加齢によっても色覚は変化し、区別をしにくい色が増えていきます。社会の高齢化が進む中で「色覚の多様性に配慮するニーズ」は急速に高まってきています。UCの知識を取得するための検定もあるので、興味のある方はぜひトライしてみてください。

色覚特性のある人にとって、暗い赤は見にくい色であることが多いです。オレンジ寄りの赤にすると、全ての人に見やすい色になります。

背景色と文字色の明度差による可読性を比較しましょう。下のほうが、明度差が大きく、可読性も高くなります。

Lesson 3

色彩の調和を学びましょう

音楽の和音と不協和音のような法則があれば、
色も調和と不調和を決められますが、現在に至るまで
色彩調和の絶対的な法則は立証されていません。
ここでは、色彩調和の考え方を勉強していきましょう。

彩調和論とは

ジャッドの4つの色彩調和論について

色彩調和は古代ギリシャの哲人たちのさまざまな仮説を基に、ニュートンやゲーテによる近代色彩学への啓蒙の時代を経て、フランスの化学者M. E. シュブルールやドイツの科学者W. オストワルトによって科学的な一般知識となり、20世紀に入るとアメリカを中心に実践的な活用分野で発展してきました。アメリカの著名な**色彩学者D. B. ジャッド**は、先人たちの掲げた色彩調和論を4つのジャンルに整理し、下のように分類しました。

ジャッドの4つの色彩調和論の分類

1 明瞭性の原理に基づく色彩調和

「配色される色どうしの意図や関係があいまいでない色は調和する」という理論。この理論について、アメリカの色彩学者ムーン&スペンサー夫妻は同一か類似かがあいまいな配色、類似か対照かがあいまいな配色は、不調和であると捉えました。

2 秩序の原理に基づく色彩調和

「規則的に選ばれた色は調和する」という理論。提唱したW. オストワルトは、自分で考案した色立体を基にこの調和論を展開し、「秩序は調和である」という有名な言葉を残しています。

3 なじみの原理に基づく色彩調和

「自然界で見られるような色の変化は、見慣れているのでなじみやすく、調和する」という理論。アメリカの自然科学者O. N. ルードの提唱したナチュラル・ハーモニーが代表で、自然の中では日光が当たっている面は明るく黄み寄りに、日陰の面は暗く青み寄りに見え、このような配色は調和すると論じました。

4 類似性の原理に基づく色彩調和

「共通の要素をもつ色は調和する」という理論。この調和論に基づいた色の分類法には、アメリカを代表する色彩学者F. ビレンによる色相ごとの寒暖感による分類や、パーソナルカラーの原点になったR. ドアのイエローアンダートーン、ブルーアンダートーンの分類などがあります。

パーソナルカラーの色彩調和論

パーソナルカラーの調和の原点は「なじみ」と「類似」

　D. B. ジャッドの4つの色彩調和論に、パーソナルカラーの考え方を対応させてみましょう。パーソナルカラーの基となる色彩調和は、どれに当てはまるでしょうか。

　パーソナルカラーにはさまざまな考え方がありますが、代表的な色相を、それぞれの色相ごとに色相環上で黄み寄りか青み寄りかに分けるという分類の方法は、ほぼ共通しています。イエローベース／ブルーベース、イエローアンダートーン／ブルーアンダートーン、ウォームカラー／クールカラーなど呼び方はさまざまですが、黄み寄り・青み寄りという意味は同じです。

　この分類による色の見え方と共通性があるのが、なじみの原理である「**ナチュラル・ハーモニー**」です。ナチュラル・ハーモニーとは「**黄み寄りの色を明るく、青み寄りの色を暗くした配色は調和する**」という考え方です。また、色を「黄み」という共通項と「青み」という共通項で分けるという考え方は、F. ビレンが提唱した各色相を暖色・寒色に分ける理論にも通じます。これはD. B. ジャッドの4つの分類の中では、類似性の原理に当てはまります。つまり、**パーソナルカラーの色彩調和法は、「なじみの原理」と「類似性の原理」を基に組み立てられているのです。**

　ただし、パーソナルカラーの色彩調和の考え方は、多くの色彩調和論がそうであるように、唯一の正しい考え方ではありません。パーソナルカラー診断時に、パーソナルカラーの色彩調和に当てはまらない色は似合わないので着てはいけない、といったアドバイスをされることもあるようです。しかし、パーソナルカラーが提案するのは、あくまでそれぞれの人が得意とする色調のベースです。4シーズンカラー以外の美しい配色を、着てはいけないというものではありません。

誰でもかんたんにコーディネートできる類似性の調和

　類似とは、似たものどうしという意味です。パーソナルカラーでいえば、イエローベースは全体に黄みを基調に統一されたグループで、似た調子をもっています。ブルーベースも同様です。このように、何かで統一されていることを「**ドミナント**」といいます。ドミナントされた色はまとまりがあり、なじみやすい調和感があります。つまり、フォーシーズンの同じグループであれば、どの色を組み合わせても調和しやすいといえます。

dominant color

イ エローベースとブルーベースの意味するもの

パーソナルカラーのベースカラーは光と影の色

　パーソナルカラーで大きな位置を占めるイエローベース、ブルーベースという観点は、なじみの原理・類似性の原理に基づく調和が基点にあります。**O. N. ルードが自然界にあふれる色の見え方を黄みと青みに分けたのは、それが光と影の色を意味しているからです。**木々の緑は日光を浴びた面は黄みを帯びて見え、日陰の面は青みを帯びて見えます。このように自然界の物の色は明るい光の中では黄み寄りで鮮やかさを増し、逆に日陰の部分は青み寄りで、影が濃く暗くなるほど彩りは薄くなり、やがて無彩色になります。O. N. ルードはこの現象を自然界の色相連鎖や明度連鎖として捉え、「ナチュラル・ハーモニー」と呼びました。

　人の目は自然界の光と影の色を、黄と青として無意識に理解しており、さらに日常的に接するさまざまな色にも、無意識に同様の反応をしています。類似色相の２色があれば、黄みに寄っているほうを明るく感じ、青みに寄ったほうを暗く感じます。**パーソナルカラー診断でテストカラーを人の肌に当てたときに、イエローベースの色だと肌の色みが強く見え、ブルーベースの色だと色みが白く抜けていくように見える**のも、同じ現象といえます。絵画などでは象徴的に明るさを黄で表現し、暗さを青で表現する場合も多く、黄と青を基調に描かれた画家ゴッホの作品「夜のカフェテラス」は、あまりにも有名です。

　また、ナチュラル・ハーモニーの考え方とは別に、アメリカの画学生だったR. ドアは、映画の看板を描く職人たちが色の調子を整える方法として、黄か青のペンキを使用色に混ぜるという話をヒントに、「カラーキープログラム」というシステムを開発しました。すべての色を、イエローベースにしたイエローアンダートーン、ブルーベースにしたブルーアンダートーンのいずれかのグループに分類し、同グループの色は調和するというシステムです。

　カラリストのF. ビレンは色を暖色系・寒色系で分類しましたが、**基本的に暖色系はイエローベース、寒色系はブルーベースの色で構成されています。**

自然界にあるナチュラル・ハーモニーの例。日の当たっている手前は黄みが強く、遠くにいくにつれて青みを帯び、白っぽく（無彩色に近く）変化しています。

色の調整効果

その人に似た色も似ていない色も効果を発揮する

　色にはもともと、見え方を調整する役割があります。例えば、夏は暑いので涼しげな色でコーディネートしたり、逆に冬は寒いので温かな色を身にまとうというのも、色の調整効果を活用している例のひとつです。

　パーソナルカラーでは、似た色や類似した色調をパーソナルカラーだと思いがちです。M. E. シュブルールやJ. イッテンのような偉大な色彩学者でさえ、「明るい色調をもつ人には明るい色が似合い、暗い濃い色調をもつ人には暗い濃い色が似合う」といっています。

　しかしパーソナルカラーの現場では、**似た色ばかりが似合う色ではない**ことが実証されています。その人を素敵に見せるために必要な色は、その人がもっていない、その人に不足している色であることもあります。例えば顔色が冴えない人に血色を足して見せる色や、ツヤのない人にツヤ感を出して見せる色。肌のオイリーでテカテカした質感をおさえて見せる色に、大きな顔をスッキリと小さく見せる色……。色に調整する効果があるように、パーソナルカラーにはその人の過不足分を「調整する」という大きな役割があるのです。

　その人に似ている色ではなく、本来はもっていない色でよい効果を上げることの必然性に気づいたとき、パーソナルカラーはもっと自然な視点から活用することができます。顔の色みを徹底的に調べて似た色を探すのは、必ずしもパーソナルカラーを効果的に活用することにはなりません。

　「似た色」「似ていない色」にこだわるのはやめましょう。あくまで客観的に、その人に有効な色を探す目をもつことが大切です。

Column 記憶色について　心理的効果が働く記憶の色

　色彩理論に「記憶色」という用語があります。人は事物の色を記憶する際、実際の色よりイメージに近づけた色を記憶する習性があり、その色のことを記憶色といいます。

　例えば、空の色や花の色も実際の色より一段階彩度を高くして記憶しています。同じように、日本人の肌の記憶色は、明度が一段階上がるのだそうです。すなわち、実際よりも明るい肌の色が、ごく一般的な肌の色みだと思っているということです。

　ところが白色人種の人々の場合、肌の記憶色は一段階黄み寄りになるといわれています。黄みに寄るということは血色がよく見えるということです。つまり、十分に色の白い人々が望むのは、幽霊のような青白い肌ではなく、バラ色の健康的な白い肌であるということでしょう。記憶色とはその人の過不足分を調整し、より理想に近づけていることになります。

　フィルムカメラの場合、フィルムの多くが実際の肌色ではなく、記憶色に合わせた肌色を出すようにしているそうです。実際の色では多くの人が満足できないのが理由です。

パーソナルカラーにおける同化と対比

顔に色を組み合わせると同化現象が起こる

　物体色や机上で学ぶ際に使用する配色カードでの配色効果と、パーソナルカラー診断の際に見える人と色との配色効果の大きな相違点は、前者では主に対比現象が起こり、後者では同化現象が起こるということです。例えば配色カードの白と黒を組み合わせた場合、白はより白く、黒はより黒く見え、それぞれの明度は強調されます。これを「**明度対比**」といいます。この理論に従うと、顔の色と白のテストカラーを組み合わせた場合、顔の色の方が明度は低いので、顔色はより暗く見え、テストカラーはより明るく見えるはずです。そして、顔の色と黒のテストカラーの組み合わせでは、より明度が高い顔色の明るさは強調され、より明度の低い黒のテストカラーはより暗く見えるはずです。しかし、実際はそうではありません。顔の色と白い色を組み合わせた場合、顔色はより明るく、黒い色を組み合わせた場合、顔の色はより暗く見えるのです。これは似合う・似合わないにかかわらず、誰にでも共通して見られる現象です。

　では、色相の場合はどうでしょうか。類似の色相で黄み寄りのテストカラーを顔色に組み合わせると顔色は黄みを帯びて見え、青み寄りのテストカラーを顔色に組み合わせると顔色は青みを帯びて見えます。もしここに対比現象が起きていれば、黄みを組み合わせた顔色は、黄みの補色である青紫系の色みを帯びるはずです。青み寄りの色を組み合わせた場合もしかりで、顔色は青みの補色である黄～オレンジ系の色みを帯びるはずです。しかし実際は逆で、組み合わせた色の色みに近づいて見えます。

　彩度の場合も同様です。高彩度のテストカラーを顔に配すると顔色も強くはっきりと見え、低彩度のテストカラーを配すると顔色も弱く淡く見えます。また、透明感のある純色や清色を顔に配すれば顔も透明感を帯び、クリアに見えます。反対に濁り感のある濁色を顔に配すると顔も濁り感から生じる、ソフトでマットな見え方になります。**全ての色はそれぞれがもっている特性と同じ効果、もしくはそれに近づける効果を顔にもたらします。**

　通常、細かい縞模様やネットなどに囲まれた色に起こる現象が、**同化現象**といわれています。しかし、上記から、「人という色」と「配色された色」との関係においては同化現象が起こることがわかります。

同化
ある色が、その周辺に配色される色の属性の影響を受け、似て見える現象をいいます。特に、配色された色どうしを一体化したものとして見る場合は、同化が生じます。

対比
ある色が、その周辺に配色される色の属性の影響を受け、お互いの特徴が強調されることにより、違いがよりくっきりと差別化された方向性に見える現象をいいます。

肌の色素

さまざまな要素が肌の色を左右する

　人の肌の色は、皮膚固有色・血液透視の色・皮膚色素などから構成されています。皮膚固有色とは表皮の角質層に含まれるカロチンや反射光が表す色、血液透視の色とは血液の赤血球色素であるヘモグロビンが皮膚を透過して見える色、皮膚色素とは表皮の基底層にあるメラニン色素のことです。また、真皮の中にもメラニン色素は含まれており、肌の表面からは青く見えます。つまり、肌の深部にある黒い色は表面からは青く見えるため、ヒゲ剃り跡は青く見えるのです。

　一方、メラニン色素が少ない箇所では真皮の毛細血管や皮下組織の血液の色が透過して赤く見えます。ほおや唇が赤みを帯びているのはそのためです。年齢・人種・体の部位による色の違いは、メラニン色素によるものです。黄色人種に分類される日本人の肌の色相は、マンセル値5YR（P.43参照）付近に集中しています。そのため、化粧品メーカーではファンデーションの色の基準を5YR付近とし、Y寄りはオークル系・ベージュ系、R寄りはピンク系・レッド系、どちらにも偏らない場合はナチュラル系というように分類しています。また、首の色は顔面に比べて毛細血管が少なくヘモグロビン色素が見えにくいため、一般的に顔より黄みが強くなりやすいのです。

人の皮膚の断面図

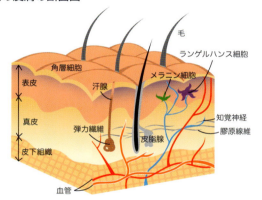

形や質感によって色の見え方は変わる

　肌の色は半透明で奥行きがあり、柔らかく厚みも感じます。凹凸のある肌表面の反射光と、肌内部に入射した光が内部の微粒子によって吸収・透過など複雑な反応をした結果が、渾然一体となって見えるからです。

　同じ色でも形や質感の違いで見え方が大きく変わるため、**人の色も目鼻立ちという形の要素や肌の質感の要素が大きく影響します。**顔立ちやイメージを優先させすぎ、安直な診断をしないように気をつけましょう。

服や部屋の照明などによって色みに影響が出ている場合は、紙などを筒状に丸めたもので色を見ると本来の色みを知ることができます。このような色の見え方を開口色といいます。

Lesson 4
配色法のバリエーション

私たちの周囲は多彩な配色にあふれています。
パーソナルカラーで配色をする場合は、
その目的や状況に応じ、的確で
バリエーション豊かな配色を心がけましょう。

3つの観点から配色を考える

基本の配色法

配色の基本は、同一・類似・対照の観点で組み立てていくことです。どんなに複雑に見える配色でも、整理すると、この分類にほとんど当てはまります。

色相を主体とした配色か、トーンを主体とした配色かによっても雰囲気が変わります。色相による同一・類似・対照の配色か、トーンによる同一・類似・対照の配色かということです。配色の基調となるものが色相であれば、選択した色相がもつ特性が前面に出ます。トーンも同様ですが、高彩度のトーンは色相の影響が強くなります。

色相やトーンを的確に選ぶことによって、より効果的な配色ができるようになります。また、**基本的な配色法を大きく分類すると、慣習的な配色法と色相の分割による配色法に分かれます。**

各トーンの属性 それぞれのトーンの主となる属性は下のようになります。

ペールトーン(p)	高明度／低彩度／清色
ライトトーン(lt)	高～中明度／中彩度／清色
ブライトトーン(b)	高～低明度（色相による）／高彩度／清色
ビビッドトーン(v)	高～低明度（色相による）／高彩度／純色
ストロングトーン(s)	高～低明度（色相による）／高彩度／濁色
ソフトトーン(sf)	高～中明度／中彩度／濁色
ダルトーン(d)	中～低明度／中彩度／濁色
ライトグレイッシュトーン(ltg)	高明度／低彩度／濁色
グレイッシュトーン(g)	中～低明度／低彩度／濁色
ディープトーン(dp)	中～低明度／高彩度／清色
ダークトーン(dk)	低明度／中彩度／清色
ダークグレイッシュトーン(dkg)	低明度／低彩度／清色

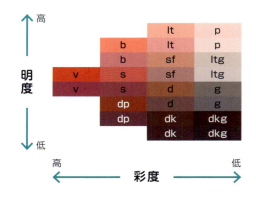

慣習的な配色法

欧米で古くから伝統的に受け継がれてきたなじみのよい配色技法で、今日では広範に使われています。配色の構成は、色相とトーンの両面の要素で組み立てられています。

トーンオントーン

同一色相・対照トーン配色。「トーンを重ねる」という意味があり、色相は同一、隣接の範囲まで用いられます。基本的に、明度差を大きくとった濃淡のはっきりした配色です。色相に統一感があるので、まとまりのよい印象になります。なお、配色数が増えるとグラデーション配色になります。色相が統一されているという意味で、色相ドミナント配色ともいいます。

例

トーンイントーン

「トーンの中で」という意味があり、色相は基本的に自由に選択できます。トーンは同一か類似の範囲で統一し、トーンによる統一感をベースにして、色相で変化をつけます。トーンドミナント配色ということもでき、トーンがもつ感情効果を伝えやすい配色です。ただし、高彩度になり、色相の明度差が大きくなると、この配色のもち味が薄れてしまうので注意が必要です。

例

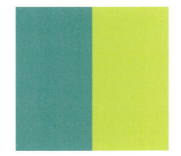

慣習的な配色法

トーナル

濁色どうしの配色です。トーンは同一か類似の範囲で選択し、ダルトーンを中心にソフトトーン、ライトグレイッシュトーン、グレイッシュトーン（P.58参照）など、濁色のトーンの中から選択します。色相は限定しません。中～低彩度の濁色を用いた配色なので、落ち着いている、控えめ、地味という印象になります。トーンドミナント配色ともいえます。

例

カマイユ

フランス語で「単色画法」の意味があり、色相、明度、彩度、清濁のいずれにも、ほとんど差のない配色です。貝殻のカメオ細工の断面に見られるような、一見すると単色に近く、微妙であいまいな配色です。本来は同一色相で微妙な色調の違いを見せる配色ですが、低彩度であれば色相は類似までの範囲で選択できます。独特な配色効果が得られます。

例

フォ・カマイユ

類似色相・類似トーン配色。フォ（faux）には「まがいの」「偽物の」という意味があり、カマイユ配色ほど色相、トーンを限定せず、類似までの範囲で選択できる配色です。色どうしに差が少なく、穏やかで繊細なイメージがあります。カマイユ配色、フォ・カマイユ配色はともに、ファッションコーディネートではよく用いられる伝統的な配色法です。

ビコロール／トリコロール

フランス語で、ビコロール配色は「2色配色」、トリコロール配色は「3色配色」を意味し、ともにコントラスト感のある明快な配色です。高彩度どうしの対照色相配色、明度差のある対照トーン配色、高彩度色と白または黒の配色などがあります。フランス国旗をはじめとして、国旗にはビコロール配色、トリコロール配色を用いたものが多く見られます。

例

例

慣習的な配色法

ナチュラル・ハーモニー

自然界での色の見え方に準じた配色です。日光に照らされた色は明るく黄みに寄って見え、日陰の部分の色は暗く青みに寄って見えます。この法則に従い、色相環上で黄みに寄っているほうの色を明るく、青みに寄っているほうの色を暗く配色することを、ナチュラル・ハーモニー（ナチュラル配色）といいます。なじみのよい調和が得られます。

コンプレックス・ハーモニー

コンプレックス配色ともいいます。コンプレックスは「複雑な」という意味です。ナチュラル・ハーモニーとは逆に、色相環上で青みに近いほうの色相を明るく、黄みに近いほうの色相を暗くする配色です。例えば、緑と青で配色する場合に、色相環上で黄み寄りの緑を暗く、青み寄りの青を明るくして配色する方法です。なじみのよさより、斬新でデザイン性の高い配色効果を得られます。

色相分割による配色法

欧米で受け継がれてきた伝統的な配色技法で、色相環を一定の秩序に基づき、規則的に分割した色を組み合わせて調和を測る配色法です。色彩の現場では広く一般的に使われています。

ダイアード

ダイアードは、「2つの」という意味があります。しかし単なる2つ（ペア）の配色ではなく、色相環で対角線上にある2色の配色で、色相差180度、補色関係にある配色です。高彩度色の場合は非常に強い印象になるので、トーンで調整して使う場合が多くなります。混ぜると無彩色になるバランスのとれた組み合わせで、お互いを引き立て合います。

例

トライアード

トライアードは、「3つの」という意味で、色相環を3等分した位置にある3色相を組み合わせる配色。色相差120度で、変化がありながら調和のとれた、バランスのよい対照色相配色です。シアン・イエロー・マゼンタの色料の3原色が代表的な組み合わせです。なお、トライアードに白と黒を配した5色配色は、J. イッテンが提唱し、「ペンタード」といいます。

例

色相分割による配色法

スプリット・コンプリメンタリー

スプリットは「分割」、コンプリメンタリーは「補色」という意味があります。ある色と、その補色関係にある色の両隣にある2色を選択する方法です。3色配色ですが見え方は2色配色に近く、色相の対照性となじみのよい類似性の両面を含んでいます。2色配色、3色配色に適度なニュアンスが加わり、使用頻度の多い配色です。

テトラード

色相環を4等分した位置にある4色を組み合わせた、色相差90度、2対の補色色相配色です。それぞれの色が引き立つ、バランスよく華やかな配色で、トーンの変化で多彩な表現が可能。赤・黄・緑・青の心理4原色が代表的な配色です。なお、テトラードに白と黒を加えた6色配色は、J. イッテンが提唱し、「ヘクサード」といいます。

例
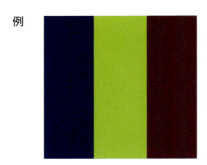

例

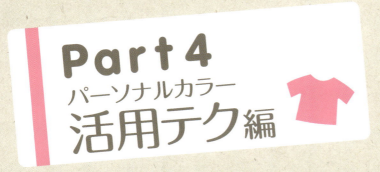

Part 4 パーソナルカラー活用テク編

これまで学んできたパーソナルカラーを、女性・男性のファッションやメイク、さまざまなジャンルの仕事に生かすテクニックを紹介します。

★Lesson 1 なりたい自分になるカラーコーディネート

★Lesson 2 若々しさ、美しさをキープするパーソナルカラー

★Lesson 3 メンズカラーコーディネート

★Lesson 4 パーソナルカラーアナリストとして働く

★Lesson 5 パーソナルカラーの知識を仕事に生かす

Lesson 1

なりたい自分になるカラーコーディネート

パーソナルカラーは似合う色を見つけるだけではありません。色のもつ力をポジティブに使いこなせば応用範囲は広がり、思いのままになりたい自分を演出することができます。

色の力で印象を演出する

自分に調和する色を理解し、応用することが大切

　パーソナルカラーは、自分を演出する色としてとても役に立ちます。**属性に基づいた4ディレクションカラーの考え方を基に、適切な色を選んでいきましょう。**

　まず、自分に調和する色の範囲を理解し、その中から「なりたい自分になれる色」「求められる自分を演出できる色」を探しましょう。自分を客観的に見つめ、いままで学んだ知識を生かして目的の色をさがす意識が大切です。

　例えば4シーズンカラーで「秋」が似合うと診断された場合、秋の色しか使ってはいけないとか、秋の色ならなんでもよいという解釈は正しくありません。秋の色を4ディレクションで分析すると次のようになります。

- 顔色にはイエローベースが調和する。強い黄みでも大丈夫。
- 顔の明度は暗く見せる方向性のほうが得意。
- 色みは純色まで強くないほうがよい。ストロングかディープトーンくらいまでがよい。
- 肌の質感はマットで滑らかに見せる濁色の方向性がよい。

　つまり、全体的に色を濃く強くプラスした調和感をもった人たちです。しかし、秋が似合う人が色白に見せたい場合は、秋の色の中から色相は寒色系の青、グレイ、オレンジよりはピンク系、高明度、低彩度、濁色のベーシックカラーなどを選択すれば色白の「秋」美人になれるでしょう。

　右のページから始まるモデル写真の横にはカラーサンプルと4ディレクションのバーが載っています。1段目は色相の方向性、2段目は明度の方向性、3段目は彩度の方向性、4段目は清濁の方向性です。自分の得意な色の範囲の中から「なりたい自分」を演出する色を選ぶときの、参考にしてください。

色白に見せたい

Before

顔の色みを抜く3要素を重ねる

色白に見せたいときは、色相はブルーベース寄りの色で、高明度、低彩度の色から選びましょう。それぞれの属性に色を抜いて見せる効果があるため、3つ合わせれば効果バツグン。清濁に関しては、清色濁色どちらでも大丈夫です。口紅もできるだけブルーベース寄りの色を選びます。

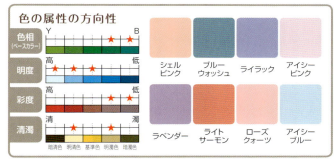

目力をUPさせたい

Before

明暗コントラストで強い印象に

目の輪郭をくっきりと強調し、瞳と白目のコントラストをつけることがポイントです。色相はブルーベース寄りの色から選び、線をはっきりと肌に光沢を増して見せる清色が効果的です。濁色が得意な場合は目の周りにポイント的に薄く光沢のあるパウダーを刷き、目の輪郭線を低明度の色で囲み、際立たせます。

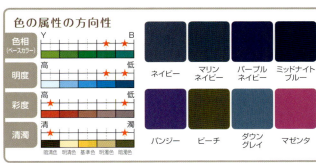

Part4 Lesson1 ● なりたい自分になるカラーコーディネート

小顔になりたい

低明度で輪郭をキュッと引き締め

　明度の低い色には、収縮効果があります。顔周りに一番近いトップスやアクセサリーに暗めの色を選ぶと顔の輪郭が収縮して、キュッと引き締まった小顔に見えます。明度が低いほど収縮効果はありますが、同時に顔を暗く見せ、色素沈着や線が強調されることもあるので自分に合った明度の色を上手に選びましょう。

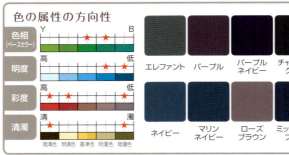

エレファント／パープル／パープルネイビー／チャコールグレイ
ネイビー／マリンネイビー／ローズブラウン／ミッドナイトブルー

ハリを出したい

ツヤをプラスしてハリ感をUP

　自分の得意な色の範囲から、トップスやアクセサリーはできるだけ「イエローベース寄りの清色」をセレクト。素材もツヤ感のあるもののほうが効果的。イエローベースは、輪郭を外側に張ってツヤ感を引き出し、清色は顔の光沢感をくっきりと増して見せます。高彩度の色も、顔の色みを鮮やかに見せます。

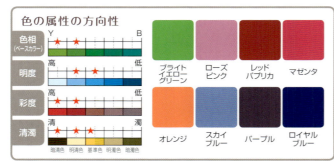

ブライトイエローグリーン／ローズピンク／レッドパプリカ／マゼンタ
オレンジ／スカイブルー／パープル／ロイヤルブルー

目鼻立ちクッキリに

輪郭を強調して陰影をはっきり出す

顔のパーツの輪郭線を際立たせることで陰影がつくと、メリハリのある顔立ちに見えます。色相はブルーベース寄りの色で、線をくっきりと見せる清色を選び、明度は低くすることで、より引き締まった印象に。口紅は浮かない程度に鮮やかな色を選んで、存在感を出すと効果的です。

Before

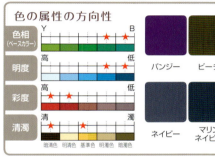

| パンジー | ビーチ | ダウングレイ | マゼンタ |
| ネイビー | マリンネイビー | パープルネイビー | ミッドナイトブルー |

元気な顔色に

血色とツヤをまとめてプラス

血色よく見せるには、自分の得意な色の範囲からイエローベース寄りの色を選ぶのがポイント。黄みは、顔の色みを強めて見せる効果があります。元気な印象にするには、明度は高〜中明度で顔を明るくし、清色にしてツヤ感を出すと効果的です。口紅も、グロス感のあるイエローベース寄りの色を選びましょう。

Before

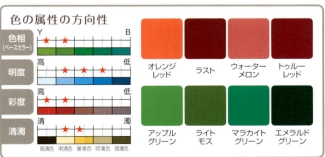

| オレンジレッド | ラスト | ウォーターメロン | トゥルーレッド |
| アップルグリーン | ライトモス | マラカイトグリーン | エメラルドグリーン |

Part4 Lesson1 ● なりたい自分になるカラーコーディネート

マットな上質肌に

ソフトで滑らかな質感を演出

　肌をマットでソフトに見せると、エレガントな印象になります。トップスには顔をソフトに見せる中〜低彩度色、輪郭線にヴェールをかけたようなソフトな効果を出す濁色がポイントです。アクセサリーは繊細で小ぶりなものがぴったりです。口紅も色をおさえた優しいピンク系が綺麗です。

Before

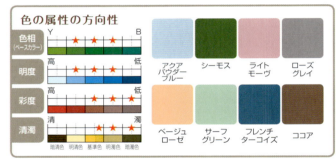

色ムラをなくしたい

色の差を強調させず、自然になじませる

　色ムラを解消したいなら、自分の得意な色の範囲からできるだけイエローベース寄りか、暖色系の色を選びましょう。色をソフトにぼかす濁色も効果的です。明度は高め、彩度は低めがおすすめです。口紅は青みの強くないピンクを選んでください。

Before

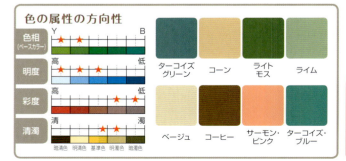

Lesson 2

若々しさ、美しさをキープするパーソナルカラー

いくつになっても、自分らしいオシャレを楽しんでいる人は、とても生き生きとしています。パーソナルカラーを上手に活用すれば、今が一番美しい自分になれるでしょう。

色 の力で悩み解決

今の自分に必要な色を客観的に判断しましょう

　人の永遠のテーマは、いつまでも若さや美しさを保つことです。しかし、年齢を重ねることから生まれるかけがえのない美しさや魅力もあります。年齢を意識しすぎるとかえって縛りが多くなり、その人らしい個性を生かした伸びやかなオシャレを楽しむことができなくなります。肌や髪などの外面的なトラブルを上手に目立たなくするには、パーソナルカラーが役に立ちます。

　まずは、自分の美しさや魅力を保つために色彩効果のどんな要素を取り入れたらよいかを、客観的に判断する必要があります。好きな色やイメージは大切ですが、それに固執せず、今の自分に必要な色、自分を際立たせる色を取り入れる柔軟性が大切です。それには自分に調和する色の特徴を理解する必要があります。

　本書では似合う色をイメージではなく、イメージを作り上げている基本要素の「色の属性」に対応させて、パーソナルカラーを解説してきました。色相・明度・彩度・清濁の属性がもつ役割を適正に応用すれば、エイジングによる悩みである**肌のくすみ、ハリ感の減少、色素沈着などを上手にカバーしてくれます**。また、似合う色や個性を引き出してくれる色を身に着けることで自然にかもし出される自信や存在感は、表情の明るさや仕草の魅力に繋がります。

　年齢に関係なく、流行の色やデザインをあなたらしく取り入れたファッション、オシャレな小物使い、なりたい自分を演出する色を選びパーソナルカラーを役立てて実践してみましょう。

軽やかで若々しく

Before

顔の丸みと明るさをUP

　明度の高い清色がポイント。顔色を明るくツヤとハリを出します。トップスや小物は、得意な色の範囲からイエローベース寄り、または暖色を選ぶと、血色がよく若々しい印象になります。カラフルな花をイメージさせるパステルカラーで、さらに効果がUP。口紅はコーラル・ピンクで上品な中にも可愛らしさを。

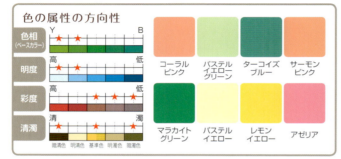

ゴージャスで華やかに

Before

暗めのあでやかな色でゴージャスに

　高彩度がポイント。少し明度が低めで重みを感じさせる鮮やかな赤のトップスで、大人のゴージャスな存在感を演出しています。ストールや小ぶりのアクセサリーをコーディネートし、肌の色もやや濃いめに仕上げるなど、華やかな中にもさりげなく健康的なバランスに。口紅は顔が際立つ高彩度のレッド系を。

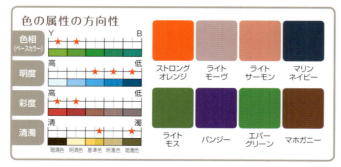

シャープな印象に

Before

輪郭を引き締めてカッコよさを演出

クールな大人のカッコよさを演出したいときは、自分の得意な色の範囲から、低明度の寒色系の色を選ぶのがポイント。ツヤやハリを出すには清色の効果も上手に活用しましょう。トップスやアクセサリーは大胆かつ、すっきりしたコーディネートで存在感をアピール。口紅は凛とした印象の暗めのピンク系を。

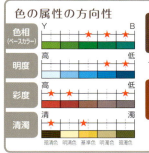

マホガニー／フォレストグリーン／ティールブルー／オータムグレイ

カッパーレッド／マリンネイビー／ライム／パープル

エレガントな印象に

Before

肌のトーンを整えてソフトに見せる

できるだけ顔色が寂しくならないブルーベース寄りの明るい淡い色を身に着けると、ふんわりとした優しいイメージを演出できます。まさに大人のエレガンスです。彩度が低めの紫系のトップス、光沢の柔らかいパールのアクセサリーは肌のトーンを均一にし、ソフトな顔立ちに見せます。口紅は甘いピンク系で。

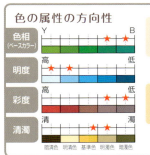

パールピンク／アプリコット／ライトモーヴ／アイシーピンク

ハニーベージュ／ターコイズブルー／アクアパウダーブルー／グレイベージュ

Part4 Lesson2● 若々しさ、美しさをキープするパーソナルカラー

Column パーソナルカラーとメイク

メイクにパーソナルカラーの知識を取り入れることで、顔の印象を変えることができます。

メイクで顔の見え方が変わる

簡単に顔の見え方が変わります

　右のページは、色相・明度・彩度・清濁の違いを左右で変えたメイクをイラストにしたものです。肌の色は左右同じですが、アイシャドウ、チーク、口紅などのポイントカラーの属性の違いで見え方も変わっています。

　メイクは、パーソナルカラーの威力を最大限に発揮でき、即効性もあります。パーソナルカラー診断の後に、お似合いの口紅を調整して塗っていただくと、顔がパッと際立ちます。また、色物をつけると目はそこからの印象を強く受け止めるので、コンプレックスなどを目立たなくさせるテクニックとしても使えます。

顔の見え方を変えるメイクテクニック

　いくつか例を挙げると、丸顔の人はチークをつける位置を顔の内側にすると輪郭が目立たず、内側のチークに目が行くので、顔がほっそりと見えます。逆に顔をふっくらと見せたい場合は輪郭の外側に色を載せると目が顔の外側に行くので、輪郭が広がってふっくらと見えます。

　眉は、眉の間を狭く寄せて描くとシャープに見え、眉の間を広くあけて描くと優しく穏やかな印象になります。

　リップは小さく描くと上品で、目が大きく見えます。逆にリップラインを大きく描くと、表情が生き生きとして顔も小さく見えます。なりたい自分になるためには、色や形、素材は適切なものを選びましょう。

　ファンデーションの色は、自分の本来の肌の色に合わせてください。ファンデーションで肌の色を変えると、厚塗りの印象になります。また、パーソナルカラーは本来の肌の色を引き立てるのが大きな目的ですので、パーソナルカラー自体が変わってしまうことがあります。

パーソナルカラー診断時のメイク

　パーソナルカラー診断はメイクをしたままがいいのか、ノーメイクのほうがいいのかという質問を受けることがありますが、ケースバイケースでどちらでも構いません。ファンデーションやメイクアップカラーの顔料の色と肌の色をミックスした状態で見るか、素の状態で見るかの違いです。通常はファンデーションやメイクアップカラーが変わる可能性があるなら素顔で見て、その後で似合う色調の範囲の色を選択したほうが応用がききます。

色相・明度・彩度・清濁のポイントメイクの違いによる変化

色相 が異なるメイク

イエローベースのメイク
肌が黄みを帯び、血色が増したという印象に繋がります。

ブルーベースのメイク
肌が青みを帯び、色が白く見えるという印象に繋がります。

明度 が異なるメイク

明るい色のメイク
肌は明るく膨張して見えます。

暗い色のメイク
肌は暗く収縮して見えます。

彩度 が異なるメイク

高彩度のメイク
肌の色みは鮮やかに強く見えます。

低彩度のメイク
肌の色みは淡く弱く見えます。

清濁 が異なるメイク

清色のメイク
肌に光沢が増して見えます。

濁色のメイク
肌をマットな質感に見せます。

Column パーソナルカラーとネイルカラー

服を選ぶときのように、パーソナルカラーを活用してネイルカラーを選んでみましょう。

パーソナルカラーの属性を軸に色を選ぶ

種類豊富なネイルカラーから似合う色を選ぶ方法

かつては赤〜ピンク系の色を1色塗るだけ、というのが主流だったネイル。しかし人気の高まりとともに、ひとつの爪を複数の色で塗り分けたり、ベースカラーの上にアクセントカラーで模様を描いたり、指によって違う色を選んだりと、多彩なデザインが楽しまれるようになっています。同時に、複雑化したカラーコーディネートを巧みに行うテクニックが求められるようになりました。ファッションと同様に、ネイルの色もパーソナルカラーを基に選びましょう。自分に最も似合う色で、魅力的に彩ることができます。

ネイルカラーは、同じ色でも少しずつニュアンスの違うものが数限りなくあります。例えば「オレンジ系のネイルカラーで元気よく見せたい」というイメージをもっていたとしても、それにはいったいどんなオレンジを選べばいいのか、ショップやサロンで途方に暮れてしまうこともあるのではないでしょうか。そんなときは、自分のパーソナルカラーの属性を思い起こし、候補を絞り込んでいきましょう。

元気なイメージを演出することができる色は、人によって異なります。イエローベースの色で血色よく見せたほうがいいのか、ブルーベースの色で赤みを抜いたほうがいいのか。清色でツヤを出したほうがいいのか、濁色でマットな質感に見せたほうがいいのかなど。服との相性を考えるときと同様に、色の三属性から相性を考えていくことで、自分にとってベストなネイルカラーを見つけることができます。

この考え方は、爪に単色を塗るときだけではなく、複数の色を塗るときも同様です。自分に合う色を、漠然としたイメージではなく属性の特徴でつかんでいれば、どんなに色が増えても揺るぎない基準で配色を考えていくことができます。

また、ネイルは面積が小さいこともあり、思いっきり遊び心のあるデザインや派手な色使いを取り入れやすいパーツです。パーソナルカラーで選べば、どんなデザインでも自分らしく取り入れることができるでしょう。ためらわずに、自由にトライしてみてください。

ネイルカラー診断シートの使い方

●P.1のネイルカラー診断シートを点線に沿って、切り取り、爪の上に当てて肌の色みや指・手の形の見え方を確認しましょう。赤系の中で、どのような色が似合うか、など傾向がわかります。

ネイルカラーの違いによる手の見え方

イエローベース — 黄みを帯びて血色よく見える
Pink
ブルーベース — 青みを帯びて色白に見える

高明度色 — 明るく白く見える
Blue
低明度色 — 暗く引き締まって見える

高彩度色 — 全体の印象がはっきりと見える
Red
低彩度色 — 全体の印象が柔らかく見える

清色 — つややかな質感に見える
Green
濁色 — マットな質感に見える

Column パーソナルカラーとヘアカラー

髪と顔は距離が近いため、ヘアカラーを変えると、顔の印象も大きく変わります。

時代とともに移り変わる美意識

黒髪から多彩なバリエーションに

　ヘアカラーに関する美意識は、時代の流れとともに著しく変化しています。かつて日本では、「黒髪」は最も美しい髪の象徴とされていました。和装が主流だった時代は、つややかな黒髪に白い肌、赤い唇というコントラストの鮮やかな美しさを目指した、伝統的な化粧法が主流でした。薄明かりの夜の照明下でも映える必要性があったからかもしれません。

　現代のヘアカラーはトータルコーディネートの一環として、色も明るさもさまざまなバリエーションで取り入れられています。

　とはいってもヘアカラーの色相はブラウンが主流で、その中でも色相・明度・彩度・清濁の質感が微妙に違う多彩な展開がされています。パーソナルカラーという観点から見ると、ヘアは顔を囲むテストカラーのような効果をもっているので、イエローベースのブラウンは顔の血色を増して見せ、ブルーベースのブラウンは顔の色を白く見せます。明るいヘアカラーは顔を明るく均一に見せ、暗いヘアカラーは肌の色を濃くくっきりと引き締めて見せます。通常は髪と顔は切り離せないセットとして見えているので、ヘアカラーの色や明度を変えると印象がガラリと変わることがあります。

　似合うヘアカラーの見つけ方は、パーソナルカラー診断と基本的に同じです。

　ただし、メイクやファッションと異なり、日々変えることができません。つまり、カラーコーディネートの位置付けとしてはベースカラーに近いので、似合うヘアカラーを見つけることはとても重要です。自分の好きなヘアカラーと似合うヘアカラーは違うことも多いので、好印象に結びつく色を慎重に客観的に選んでください。

カラーサンプルの使い方

● P.79〜80に掲載しているのは、ヘアカラーのサンプルカラーです。点線に沿って切り離し、自分の顔の周りに当てて、最も顔色がきれいに見える色を探しましょう。自分に似合う色がわかれば、カラーリングするときに役立ちます。

メイズ	キャラメル	テラコッタ	アンティークブラウン
マシコット	グレージュ	モートレイクブラウン	バーガンディー

Lesson 3

メンズ
カラーコーディネート

パーソナルカラー診断は、性別にかかわらず同じ観点でチェックしますが、服装や求められるイメージが異なることを考慮して、アドバイスを行います。

男女のイメージの違いを意識する

メンズならではの色使いや色を当てたときの反応を考慮

　男性をイメージする色として、一般的な統計の結果によると、**寒色・低明度・低彩度**があげられます。イメージに置き換えると、シャープで落ち着いたシックな色となります。もちろん明るい鮮やかな色も取り入れますが、やはり、メンズファッションの基本の色調として根底にある調和感です。

　似合う・似合わないという印象がはっきりしやすい紺や茶、グレイ、ベージュといった低彩度のベースカラーが重要です。特に、メンズのビジネススーツの場合、濃紺か黒かグレイのスーツに高明度・低彩度のシャツという濃淡配色にして、アクセントカラーを加えるのが基本です。このとき、ネクタイやチーフの色も大切ですが、コーディネート全体を決めるのはスーツやシャツの色です。

　パーソナルカラーでメンズ独特の診断基準は、テストカラーを当てたときにヒゲ剃り跡が濃くならないか、清潔感を感じるか、信頼できる印象かなどです。イメージに頼らず、それぞれの属性の観点から客観的に判断するようにしましょう。

イエローベース　　ブルーベース

イエローベースは肌色を濃く、つややかに見せます。温かみのある印象になりますが、輪郭は少し膨張して見えます。ブルーベースは肌の色を白く抜いて見せます。また、輪郭がくっきりと引き締まって小顔に見えます。この男性の場合はイエローベースが似合い、生き生きと健康的な印象に見えます。

4シーズンカラー
春の人のコーディネート

年齢を問わず若々しく軽やかな雰囲気

「春」が似合う男性はイエローベースが似合います。軽やかで柔らかい黄みがよく、身に着けると血色よく健康的に見えます。派手めな色も似合うので、カジュアルなシーンなどではビビッドトーンのようなカラーコーディネートが楽しめます。また、透明感も重視したいポイントです。クリアな色は濃淡を問わず、肌に生き生きしたツヤ感を出すことができるでしょう。春のグループの色は一見して華やかな色が多いのですが、低彩度色であっても上手に使いこなせば、シックなコーディネートも春の人らしく装うことができます。紺や茶色は、他のシーズンのグループより少し明るめの色を選びましょう。

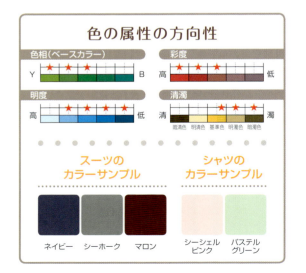

ダークスーツ

明るい色が似合う春の男性も、ビジネスシーンでの紺やグレイのダークスーツは、女性の春よりも低明度の色を選ぶのがコツ。

カジュアルスーツ	キレイめ	カジュアル
ブルーとイエローのストライプシャツは、若々しく、はつらつとした印象。明るいベージュのスーツとのコーディネートがオシャレ。	オレンジに近い高彩度なブラウンにチェックのシャツを合わせた、軽やかなコーディネートも春の人ならスッキリと似合うはず。	春らしいカラーコーディネート。まぶしいくらい明るいグリーンの類似配色です。春の人なら、ぜひチャレンジしてほしい色。

4シーズンカラー
夏の人のコーディネート

ソフトでスマートな都会的雰囲気

「夏」が似合う男性はブルーベースが似合います。青みのある色を身に着けると、顔色に透明感が出てスッキリした印象になり、肌の黄みが強めの人は、青みの明るい色にすると黄みがバランスよく抜けて見えます。「夏」の男性は明るい色がよく似合い、顔色も表情も明るく見えます。派手な色でも少しグレイが入ると、軽やかに装うことができます。清濁では濁色がよく似合いますが、ライトトーンのような中彩度の清色も肌にツヤ感を出し、華やかに装えます。夏の色は青みがあって明るく、彩度もあまり高くないという条件が重なり、他のシーズンより色みが淡く弱い印象ですが、似合えばおしゃれであか抜けた雰囲気になります。

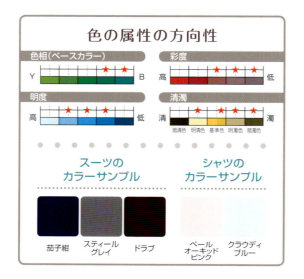

ダークスーツ

夏の人の定番スーツは、なんといっても茄子紺。薄いブルーのシャツにグレイッシュなピンクを基調としたネクタイで涼しげな印象に。

カジュアルスーツ

グレンチェックのスーツにブルーと白のストライプシャツ。地味になりがちなコーディネートも、夏の人ならあか抜けた雰囲気に。

キレイめ

濁り感のある明るい紺のジャケットとココアブラウンのパンツは、オシャレ上級者のコーディネート。襟もとのレモンイエローがアクセントに。

カジュアル

ミルキーホワイトとアイ・ブルーとスプールスグリーンの配色が、カジュアルな中にもエレガントな印象を醸し出すカラーコーディネート。

4シーズンカラー
秋の人のコーディネート

落ち着いたシックな大人の雰囲気

「秋」が似合う男性は「春」と同じくイエローベースが似合いますが、「春」とは異なり、黄みをはっきり感じさせる色ほど肌の色ツヤが増し、立体的に見えます。低明度の色がよく似合い、輪郭や表情が引き締まります。例えば、濃紺でも黄みのあるマリンネイビーやダークブラウンはよく調和します。派手な色でも少し黒が入った重みのある色だと肌にツヤ感を出し、華やかながらシックに装えます。複雑な風合いを演出する濁色も「秋」の人の雰囲気にぴったりです。明るい色はライトグレイッシュトーンのような明濁色を選んでください。秋の色は一見地味であいまいな色が多いですが、秋の人ならゴージャスに着こなすことができます。

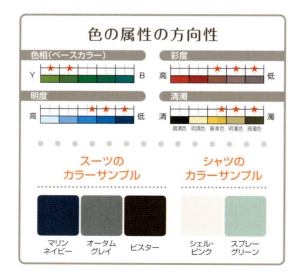

ダークスーツ

いわゆる「鉄紺」と呼ばれるマリンネイビーに、カッパーレッドのネクタイを組み合わせた秋の人定番のコーディネート。オータムグレイのスーツももっておくと、着回しがきいて便利。

カジュアルスーツ

ブラウンのストライプスーツと、ベージュのシャツを組み合わせたコーディネート。同系色を組み合わせると、ソフトで優しい印象になります。

キレイめ

派手に見えるシャツは、黒が混じった深みのある渋い色。ダークブラウンのツイード風ジャケットとのコーディネートは、華やかながらシックな印象を演出します。

カジュアル

ベージュや渋いオレンジ色でコーディネートしたスタイルです。このようなカジュアルな装いでも、秋の人らしいシックで温かい印象になる配色です。

4シーズンカラー
冬の人のコーディネート

個性的でシャープ、きりりとした雰囲気

「冬」が似合う男性は「夏」と同じくブルーベースが似合います。「夏」に比べると色みが濃く暗くなりますが、顔色が濃くつややかで、キリリとした印象になります。このタイプは暗い色が得意で、身に着けると輪郭がシャープに引き締まります。また、非常に明るい色も顔色をスッキリと見せ、派手な色に負けず、顔の色みが増して表情が生き生きします。透明感の強い色は肌をつややかにし、目も輝いて見えます。また、コントラスト（対比）の強い配色が得意で、明度差の大きいダークスーツに純色のネクタイなども似合います。鮮やかなコーディネートも、超低彩度のシックなコーディネートも、個性的な雰囲気で着こなしてしまいます。

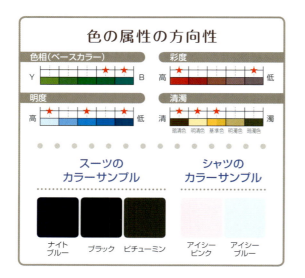

ダークスーツ

紺のスーツに、ネクタイは臙脂と紺のレジメンタル。シャツの白でコントラストを効かせた、冬の人定番のコーディネート。

カジュアルスーツ

チャコール・グレイのグレンチェックのスーツにピンクのシャツの組み合わせ。男性には苦手感があるピンクも、スッキリと着こなせます。

キレイめ

グレイカーキのジャケットにブラックブラウンのパンツ。低彩度どうしの配色も、明るい色のシャツとのコントラストでおしゃれに。

カジュアル

強いコントラストを作り出す赤、白、黒の組み合わせも、冬の人なら色に負けることなく、個性的な雰囲気で着こなしてしまいます。

Lesson 4
パーソナルカラーアナリストとして働く

パーソナルカラーアナリストは、まさにパーソナルカラーのスペシャリストです。仕事について、実際のパーソナルカラーアナリストのレポートをまじえながらご紹介します。

パーソナルカラーアナリストはどんな仕事をしているの？

パーソナルカラーの知識とコミュニケーション力が必要な仕事

　パーソナルカラーに関連する仕事にはいくつかの呼び方があります。ほぼ同義ですが、パーソナルカラー診断を中心とする場合はパーソナルカラーアナリスト、またはパーソナルカラリストということが多く、ファッションを中心にしたコンサルティングの場合はパーソナルスタイリスト、トータルにイメージを提案する場合はイメージコンサルタントという肩書きが多いようです。はっきりとした区別や基準はないので、基本的にはどの呼び方でも構いません。どの分野でもパーソナルカラー診断は必須の内容になっています。

　ここでは、パーソナルカラーアナリストという呼び方で進めていきます。パーソナルカラーのコンサルティングは、いろいろな場所で行われています。店舗でのイベントや自分のサロンを運営しながら仕事をしている人も多く、工夫を凝らした空間で細やかなアドバイスを行います。楽しく有意義な時間を過ごした、というクライアントの満足感が次の営業に繋がります。似合う色を探し、時に化粧方法、ファッションまで、個人のイメージと関連する全てのことをサポートするのが仕事です。

　パーソナルカラーアナリストは、常にファッションとビューティー関連の傾向や、商品の新しい情報を把握しておくことが必要です。パーソナルカラーコンサルティングを受けるクライアントは、似合う色を知るとともに具体的なファッションやメイク方法を知りたいと望んでいるからです。流行を取り入れたアドバイスや、お客様の体型や肌の状態に合った製品をお勧めすることも、重要です。そして何より、細やかにコミュニケーションを取りながらコンサルティングを進められる対応能力が求められます。

　次のページでは、現役のパーソナルカラーアナリストの仕事のようすをご紹介します。

パーソナルカラーアナリストの仕事風景

幅広く活躍をしているパーソナルカラーアナリスト、
チョウ・ヨンジェさんの事例をご紹介します。

実際にパーソナルカラー診断をしている様子です。
顔の見え方の変化を、複数人で一緒に確認しています。

お客様は大人ばかりではありません。時には
小さなお客様も診断します。

お客様にお似合いの口紅の色をシミュレーションしながら確認しています。

ヘアカラーのサンプルを使い髪のカラーリングのアドバイスも行います。

サロンには、診断のためのさまざまな道具があります。写真手前が、パーソナルカラー診断に使用するテストカラー。奥には、色や形が異なるアクセサリーがあります。診断後にアクセサリーなどを実際に着けながら、パーソナルカラーの取り入れ方をアドバイスします。

Part4 Lesson4● パーソナルカラーアナリストとして働く

パーソナルカラーアナリストが活躍する場の多様化

パーソナルカラーアナリストの仕事は、お客様の診断だけではありません。
活躍の場の拡大は目覚ましく、多岐にわたっています。

1 講座

資格を取得し、経験を重ねた後は、カラーに関するカルチャー講座や技能者の養成講座を開けるようになります。

2 買い物に同行

クライアントのショッピングに同行してお手伝いをすることもあります。職業・年齢・体型・経済水準・購買性向・イメージなどを総合的に把握し、クライアントに最も適したファッションやメイク用品をショッピング同行を通じて勧めたり、場合によっては購買を代行します。

3 メディア出演

セミナー・講演・メディア出演の依頼を受けることもあります。より多くの人に、正しいパーソナルカラーの知識を伝えることができます。

4 講演

この他にも、パーソナルカラーアナリストが活躍する場は広がっています。
企業や各種業界団体、自治体などが主催するイベントやセミナーにおいて、色彩や、イメージアップについて講演を行います。

例：販促イベント／企業研修／経営者や議員のイメージコンサルティング／美容やファッション系の専門学校や大学の講師

パーソナルカラーアナリストの働く業界は多方面に広がってきています。

アパレルメーカー、美容サロン、建築メーカー、雑貨メーカー、ＷＥＢ開発会社などで活躍をしており、独立してフリーランスとして働く方も多くいます。

パーソナルカラーアナリストの働く主な業界

- ファッション業界
- メイク・ネイル業界
- ヘアメイク業界
- ジュエリー・アクセサリー業界
- ブライダル業界
- インテリア業界　　など

Lesson 5
パーソナルカラーの知識を仕事に生かす

パーソナルカラーの知識を生かせる業界や業種はさまざま。
実際に、自分の仕事に活用しているスペシャリストをレポートします。

さまざまな業界で役立つパーソナルカラーの知識

パーソナルカラーを取り入れた各分野のスペシャリスト

　私たちの世界は豊かな色で彩られていますが、色自体は形をもっていません。多岐にわたる分野で色は必要不可欠なものですが、主役というよりは名脇役的な存在として活用されてきました。しかし色が及ぼす影響力は大きく、意図的であろうが無意識であろうが、人の心に深く印象を残します。

　パーソナルカラーが登場して以来、人に対する色の意識は著しく変化してきています。それ以前は「まず色ありき」で、アパレルやメイクの業界も企業側から提示された色や配色に対して人を合わせてきたので、人を生かす色についてはあまり考慮されることがありませんでした。パーソナルカラーは「人」という色が主体としてあり、それにファッションやメイクなどの色を合わせるという考え方です。この考え方は、それ以前にはなかったもので、パーソナルカラーの大きな特徴といえます。アパレルやメイクの業界は、パーソナルカラーのこれからの大きな市場となるでしょう。

　次のページからは、パーソナルカラーを活用しながら仕事を広げているスペシャリストをご紹介します。パーソナルカラーと最も関係性が深いのはファッションです。そのファッションを通して、お客様の魅力を引き出すパーソナルスタイリング。パーソナルカラーを商品開発に生かしているプロダクトカラーデザイナー。流行色に振り回されない自分色のメイクを提案するヘアメイクアップアーティスト。多種多様な色を扱うネイリスト。

　他にも、今日ではパーソナルカラーはさまざまな業界で取り入れられています。インテリア、ブライダル、フラワーコーディネートなど多彩な分野があります。IT業界へのパーソナルカラーの進出も遠い話ではなさそうです。

パーソナルスタイリング

教えてくれた人　菅原麻里さん
ファッションスタイリスト。雑誌・広告・タレントなどのスタイリングを多数担当している。

ファッションとパーソナルカラーは切っても切れない関係です。
幅広く活躍中のファッションスタイリストに、パーソナルカラーの活用方法をうかがってみましょう。

パーソナルスタイリングとは

パーソナルスタイリングは、一般の個人のお客様に対して、ファッションスタイルをトータルで提案する仕事です。

以前は、スタイリストというと雑誌・テレビ・広告などメディアでのスタイリングが中心でしたが、イメージコンサルティングやパーソナルカラーなど、個々に合わせた提案が求められる機会が増えてきたことで、パーソナルスタイリングを仕事にする人も多くなっています。

メディアでのスタイリングにおいては注目を集めることが求められるため、最新のファッションや華やかさが重視されますが、個人のお客様の目的や理想はそれぞれ異なります。お客様に寄り添い、その方の魅力を最大限に引き出すお手伝いをするのが、パーソナルスタイリングの仕事です。

ファッションとカラー

ファッションスタイルを決めるときには、さまざまな要素を考慮する必要があります。デザイン、素材、コーディネートバランス、季節感、TPO、なりたいイメージなど……。特にカラーの影響力は大きく、スタイルの印象を大きく左右します。カラーそのものがもっているイメージや、パーソナルカラーとして人に影響を及ぼす要素、コーディネートのカラーバランスなども踏まえてスタイリングすることが求められます。

そんな中、ほとんどのスタイリストたちは、パーソナルカラー診断を取り入れています。それはロジカルかつ客観的にお客様を理解するための、適切な診断方法といえるからでしょう。

次のページから、診断も含めた、パーソナルスタイリングの実際の仕事内容をご紹介します。

Part4 Lesson5 ● パーソナルカラーの知識を仕事に生かす

カウンセリング

　パーソナルスタイリングのメインとなる仕事はショッピング同行と思われがちですが、最も大事なのはカウンセリングを通してお客様を理解することです。

　まずは、お客様が何を求めているのか。スタイルを一新したい人、似合うものを知りたい人、手持ちの洋服でのスタイリング方法を知りたい人など、要望はさまざまです。

　さらに、理想の自分はどのようなイメージか、周りからどのように見られたいのか、ファッションの目的などを聞き出します。カウンセリングは、スタイリストがお客様を理解するための重要なプロセスではありますが、実は、話し合いを通してお客様自身に目的を明確にしてもらうということも重要なのです。誰かに決められたスタイルではなく、お客様自身が自分のスタイルを見つける。スタイリストはそのお手伝いをします。

　カウンセリングの方法は個々のスタイリストによって異なりますが、お客様の言っていることが本心なのか、何か過去のトラウマがそうさせているだけなのかなどを、きちんと見極めることも必要です。

　お客様を理解し、その上で自分は何を提案したらいいのかを考えることが必要です。正解は一つではなく、その季節やトレンド、手持ちのアイテムとのバランスなど、さまざまな角度から熟考して導き出す必要があります。さらに、提案するものについてはなぜそれを選んだのか、お客様にわかるように説明できることが、プロフェッショナルとして求められます。

診断

　カウンセリングと合わせて取り入れられている方法が診断です。とくにパーソナルカラー診断は、ほとんどのスタイリストが学び、取り入れています。個人のファッションスタイルにおいて、色が与える影響力はとても大きいのです。その他には、骨格診断を取り入れるスタイリストも増えてきました。

　多くの診断では、実際に布を当ててみたり、サイズを測ったり、ツールを使うことで結果を導き出します。具体的な結果が出ることで、お客様も納得しやすくなりますし、ショッピング同行のための事前の視察時に、目星をつけやすいというメリットがあります。

　ただし、人の個性は千差万別でキッチリとは分けられないということ、服の形や色はさまざまだということを理解しておく必要があります。診断結果はあくまでも、"そのような傾向がある"という判断材料に留めておき、実際にお客様が試着する際に、その選択肢が最適であるかどうかを改めて判断することが必要です。

ショッピング同行

　ショッピング同行の時間もスタイリストによってさまざまですが、2時間半くらいで行うことが多いようです。お客様の大切な時間をムダにしないためにも、限られた時間の中でどのように提案するかというストーリーを設計します。

　カウンセリングや診断の結果から、どのようなブランドやショップが合いそうか、お店の立地やお客様の住んでいる地域も踏まえて、どこで待ち合わせて、どのような順でお連れするのがいいかを考えます。さらに、事前に手持ちのワードローブのリサーチをしておくことで、当日のお客様のアテンドがスムーズに行えます。

　お店に頼んでアイテムを取り置きしておいてもらう場合もありますが、無理強いをしてお店に迷惑がかかることがないように、販売員の方ともきちんとしたコミュニケーションを取ることが大切です。度々お客様をお連れし、売り上げに貢献してくれるとわかれば、協力的なお店も増えてきます。

　ショッピング同行当日、お客様が試着してみたら想像していたイメージと異なったという場合も往々にしてあります。そこは冷静に判断し、違ったなら別のアイテムを提案する臨機応変さも重要です。

　そして、お客様の反応を確認し、気に入っているのか、そうでないのかを見極めましょう。選んでもらったスタイリストを目の前にしては、お客様も"違う"とか"嫌"とか言いづらいものです。無理に勧めたりして、最終的にお客様が満足する選択ができなければ何の意味もありません。お客様に寄り添う気持ちは常に忘れないようにしましょう。

クローゼット整理

　実際にお客様のご自宅にお伺いして、クローゼットを拝見し、必要なものとそうでないものを整理したり、手持ちのアイテムを使ったスタイリング方法を提案することもあります。

　クローゼットを整理して必要なものだけを買い足したり、すでに持っているアイテムを生かしてお客様の要望を叶えることができれば、お客様の出費も減らすことができます。ただし、自宅にスタイリストが立ち入ることに抵抗のあるお客様も多くいるので、注意しましょう。

ヘアメイク提案

　ヘアメイクの提案も、トータルコーディネートにおいて欠かせない要素です。いくら服がキマっていても、ヘアスタイルやメイクがチグハグではステキに見えません。美容室と提携をして、ヘアスタイルのチェンジまでプランとして取り入れているスタイリストや、メイクアップの方法をレクチャーする人もいます。ヘアやメイクも、パーソナルカラーの知識があれば、自信をもった提案ができます。

スタイリングレッスン

　着まわし方法やスタイリッシュに見せる着こなし方など、スタイリングテクニックを教える人もいます。配色や素材による色の見え方のアドバイスなど、ここでもパーソナルカラーの知識が役立ちます。

ポートレイト撮影

　新しくなったファッションスタイルでのポートレイト撮影まで行うスタイリストもいます。
　起業するお客様や、メディアに出る機会のあるお客様には重宝されそうです。

パーソナルスタイリングの仕事としての魅力

　皆さんも経験があると思いますが、ファッションを変えただけなのに、なぜか自分に自信がもてたり、楽しい気分になって外出したくなったり、そんなことがあります。ファッションには人を元気にさせる不思議なパワーがあります。
　お客様が試着室から出てこられたときの驚きと喜びに満ちあふれた表情を見ると、こちらも元気とパワーをもらえる気がします。そんなとき、パーソナルスタイリングの仕事をしていてよかったと、実感することができるでしょう。パーソナルカラーに対する深い見識があれば、よりお客様を納得させ、信頼される仕事ができるようになります。

パーソナルスタイリングに必要な能力

パーソナルスタイリングを仕事とするにあたってはさまざまな能力が必要です。
スタイリストそれぞれの個性がセールスポイントになります。
パーソナルカラーの知識も、もちろん大きなセールスポイントになります。

コミュニケーション力

- カウンセリングでお客様の希望や理想を聞き出す力。傾聴力。質問力。
- 常にお客様の立場になって提案する力。察する力。空気を読む力。
- 思いやりとホスピタリティー。

客観性

- 独りよがりのスタイルを押し付けるのではなく、最適な提案になっているかを見極める力。
- 自分の価値観が偏っていないか、客観的に冷静に判断する力。
- センスや感性といったあいまいなものではなく、きちんと説明できるロジカルな考え方。

ビジネスセンス

- 自分自身をどのように売り出していくかといった、マーケティング力、発信力、ブランディング力。
- どのようなプランを用意するか、どんな金額設定にするか、などを決める判断力や提案力。

Part4 Lesson5 ● パーソナルカラーの知識を仕事に生かす

パーソナルスタイリングに必要な知識

個人に合わせたスタイリングが求められるので、ファッションをはじめとするさまざまな知識や能力が必要とされます。

カラー

色彩単体がもつイメージから、色の組み合わせで作り出すことができる印象の違いなど、色が生み出す効果についての知識をもっていることで、適切に素早くコーディネートをすることができます。

さらにパーソナルカラーを知っていることで、その方に合わせたスタイリングを提供することができます。

アイテムなどの名称

ファッション知識の基礎として、アイテムなどの名称は覚えましょう。お客様に適切に説明できることも重要です。また、お店で店員さんにアイテムについて問い合わせるときの共通言語として必要になります。

ファッションスタイル

スタイルの本質を理解し、お客様が希望するスタイルを作るためには、どのようなアイテムを組み合わせるべきなのかをロジカルに構築することが必要です。

フェミニンやマニッシュなど、その印象が名称としてファッションスタイルを表すものがあります。これらのスタイルは具体的なコーディネートを指すのではなく、抽象度の高い概念です。

T.P.O.

Time（時間）、Place（場所）、Occasion（場合）に合わせたスタイリングをするために、どのようなシーンで何が求められるのかを知っておく必要があります。

ファッションでは、冠婚葬祭のようにマナーとしてスタイルが決められている場合や、会社や勤務先などでルールが決められている場合があります。

さらに、時代によってもT.P.O.やルールは変化し続けています。ルールも変わっていくということを把握しておかないと、時代に合わないスタイルになりかねません。情報は常にアップデートしていきましょう。

体型

体型やそれにまつわる悩みに合わせたスタイリングが必要です。

お客様の体型の悩みはさまざまです。スタイリスト自身が抱えている悩みに近いものは解決方法を見つけるのも簡単かもしれませんが、自身と違う体型や悩みをもっている方に対しても適切な方法をご提案するためには、どのような場合にどんなテクニックを使えばいいかを把握しておく必要があります。

ファッション教養

ブランド情報やファッションの歴史も、知っておきたい知識です。また、トレンドは常に移り変わりますので、コレクション情報や市場のトレンドには、常にアンテナを張っていましょう。

社会情勢とトレンドは密接に関係しています。大量生産・大量消費の時代のアンチテーゼとして、「ノームコア」というシンプルなスタイルがトレンドになりました。

時代に合わせたスタイルは重要です。世の中で今何が起こっているのか、注目しましょう。

ヘアメイク

パーソナルカラーに合わせたヘアメイクを知ることはもちろんですが、顔の悩みや見せたい印象によってもヘアメイクは変わってきます。

髪の毛をおろすか、アップにするかだけでも、ファッションスタイル全体の印象はかなり変わってきます。

客観的にお客様を見たときに、ファッションを変えるべきなのか、ヘアメイクを変えるべきなのかのジャッジをすることも必要です。

メンズのスタイリング

男性のスタイリング、特にスーツに関してはルールが多いので、基礎知識をもっておくことが必要です。

スーツの種類や着こなし方、ネクタイなどの小物の選び方について、学びましょう。

基本を知った上での着崩した着こなしと、着崩れてしまっただけというのは全く違います。特にスーツにはこだわる人が多いので、いい加減な知識では、恥をかいてしまいます。

Part4 Lesson5 ● パーソナルカラーの知識を仕事に生かす

Column 時代の流行色とインターカラー

色に流行があることをご存知でしょうか。
流行色がどのようにして生まれているのかをご紹介します。

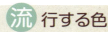 行する色

時代の流行色

いつの時代にも流行の色はあったようです。さまざまな時代や文化を背景に発信され、特に大流行した色は今日でも伝統色名などにその名残を留めています。江戸時代には歌舞伎役者や花柳界がトレンドの発信源だったといわれ、歌舞伎役者の名前を冠した色名がかなり残っています。また、世界的に見てもフランスのサロン文化を開花させたポンパドール夫人に由来するブルーやピンクは、伝統色名というより現在でも使われる色名として慣用化しています。

ちなみに流行色やメイク、ファッションは20年くらいのサイクルで少しずつ変化しながら繰り返されているそうです。

● さまざまな時代の流行色

団十郎茶　　ローズ・ポンパドール　　ポンパドール

インターカラー

また、上記のような流行とは別に、流行色に関しては世界的な組織が決定しています。インターカラーという組織です。インターカラー（Intercolor）とは、国際流行色委員会（International Study Commission for Color）のことです。インターカラーは、加盟各国代表の、営利を目的としない色彩情報団体で構成され、1963年に発足しました。発足当初の参加国は、発起国の日本、フランス、スイスに加え、西ドイツ、ベルギー、スペイン、イギリス、イタリア、オランダ、スウェーデン、アメリカの11ヵ国でしたが、加盟国は時期により変動しています。日本からは、JAFCA（日本流行色協会）が代表として参加しています。

ファッションカラーの選定から実シーズンまでの過程

インターカラーではファッションに用いる色を実シーズンの約2年前に選定します。2年の間に、まず素材や形状が決められ、約1年前に試作された素材の展示会が開催され、約半年前に展示会や発表会などが開催され、その後に生産が行われて店舗に並び、一般消費者に最新のファッションとして提供されています。

24ヵ月前	インターカラー加盟国によるインターカラー選定
▼	インターカラー決定
18ヵ月前	JAFCAアドバンスカラー
▼	
12ヶ月前	JAFCAファッションカラー発表
▼	JAFCAアセンディングカラー発表
6ヶ月前	アパレル展示会 ファッショントレンド発表
▼	
実シーズン	

プロダクトカラーデザイナー

教えてくれた人
関根裕恵さん
カラー&プロダクトデザイナー。Color & Taste Relation Systemの考え方を基に、日本だけでなく中国でも活躍している。

プロダクトデザインの分野でも、パーソナルカラーを生かすことができます。
中国で活躍している実際のプロダクトカラーデザイナーの仕事例を紹介します。

プロダクトカラーデザイナーとは

色の力を利用し、人・モノ・空間に対するデザインを提案するのが、プロダクトカラーデザイナーの仕事です。

私たちの世界は、大量の情報がスピーディーに飛び交い、物事はめまぐるしく変化していきます。価値観は多様化され、モノがあふれています。このような時代だからこそ、モノ（物）だけではなく、目に見えないコト（事）、つまり消費者の感性に響かせることが重要です。

この分野は、色の知識を生かして働きたい人やデザインの分野などで同業者との差別化を図りたい人におすすめです。

色彩をモノ作りの現場へ

色彩をモノ作りの現場で活用するための、色に基軸をおいた「Color & Taste Relation System（C&TR）」という考え方が広まり始めています。モノ作りの現場は、どうしたら売れるのかなど、すぐに効果をあげられる答えを必要としていました。現場が抱える問題点を抽出し、解決の方向性に道筋をつけるC&TRは実用性に重きを置く中国において成果が得られています。

プロダクトカラーデザイナーにとってパーソナルカラーとは

好きなものには関連があります。例えば、明るく、鮮やかな色を好む人は、ポップで遊び心のあるものに興味をもつ傾向があります。このように、顧客の色の好みを調査することで、嗜好感性を知ることができ、商品製作の大きな手がかりとなります。

色の提案、色彩のデザインを仕事にするには、色彩空間上での自分の立ち位置、つまり嗜好感性を知ることが重要です。そこで、4ディレクションカラー診断による個人のパーソナルカラーをC&TRの色彩空間にマッピングすると、自身の内側に潜む嗜好感性を見出すことが容易になります。

パーソナルカラーとC&TRを組み合わせると、人、さまざまな分野、モノ（製品やグラフィックデザインなど）、空間（インテリアなど）にも活用でき、色を使った活躍のフィールドがさらに広がる可能性が期待できます。

講師としてセミナーを開くこともあります。

Color & Taste Relation Systemとは

Color &Taste Relation System（C&TR）は、色を利用し、色と嗜好感性を結びつけるシステムです。モノではなく、コトを売る時代、クライアントの感性に焦点を当て、人の心を動かす色彩戦略を可能にします。

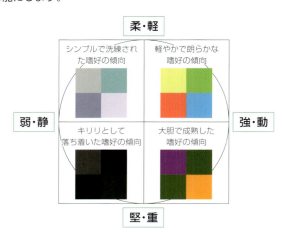

左の図はC&TRの考え方のひとつで、「嗜好感性の４つの方向」を表しています。
私たちの嗜好感性には大きく４つの方向性があると考えられます。例えば、右上の明るく鮮やかな色に惹かれる人は、「軽やかで朗らかな嗜好」の傾向となります。

左の写真は、感性と調和を測るときに使う道具です。微妙に異なる色の中で、どのようなタイプの色を好むのかが、相手の感性を知る手がかりになります。

C&TRを活用した事例

実際にC&TRを使い、プロダクトカラーデザインを行った例をご紹介します。

中国の下着メーカーより、「ブランドイメージを若返らせたい」と依頼を受けました。老舗ブランドという信頼がある一方で、古いイメージや顧客の高齢化などさまざまな問題を抱えていました。商品を分析すると、その多くは色と形と質感のバランスがとれておらず、ブランドポジショニングが不明瞭で、洗練されていない印象を与えてしまっていることがわかりました。そこで、次の4段階におけるコンサルテーションを実施しました。

❶ ブランドコンセプトの見直しとポジショニングの設定
❷ シーズンコンセプトとブランドコンセプトの整合性の確認とテーマカラーの設定
❸ マンスリーキーワードの設定とデザイン案の検討
❹ 商品の色の決定

❶～❸において一貫性のあるストーリーができあがると、ターゲットに相応しい色域をある程度絞ることができ、❹はスムーズになります。例えば、中国では文化的慣習から、正月には赤いアイテムが必須となりますが、「赤」といってもさまざまな赤があります。膨大な色見本の中から適切な色を選出するにあたり、4ディレクションカラー診断でも活用されている4つの属性を手がかりにしました。さらに、色違いの商品も同様の法則で選び出し、調和をとりました。そして、

その色にあしらうレースの色や形、大きさなどをC&TRに基づいて決定し、商品構成全体のバランスをとりました。

このシーズンの商品計画を経て、このクライアントは、従来のラグジュアリーなイメージを残しつつ、全体のイメージを若干軽くシンプルな方向へ移すことに決定しました。今後は、現代の働く女性にも適合するよう「自立し、自己表現を楽しむ成熟した女性」のためのブランドを目指すこととなりました。

感性別コラージュ例です。人の嗜好感性には、車、バッグ、ノートなど商品は異なっても、一定の法則があることがわかります。

ヘアメイクアップアーティスト

> **教えてくれた人**
> **保田かずみさん**
> ヘアメイクアップアーティスト。モデルのメイクや、パーソナルカラーアナリストとしても活躍する。

ヘアメイクアップアーティストは、パーソナルカラーをどのように仕事に生かしているのでしょうか。本書でもヘアメイクを担当してくれた保田さんに、うかがってみましょう。

ヘアメイクアップアーティストを目指したきっかけ

私はファッションやアートも大好きで憧れがあったのですが、一人一人全く違う顔や髪を自分の手で自由に変化させ、もっとオリジナル性を引き出してみたい、ヘアメイクだけで七変化させることができたら面白いだろうな、との思いからヘアメイクの世界に飛び込みました。

ヘアメイクアップアーティストの仕事

ヘアメイクの仕事といってもいろいろな分野に分かれていますが、私は主に広告やCM、雑誌などの撮影現場で、多くの女優・俳優さん、モデルさんのヘアメイクをしています。

撮影現場でのヘアメイクは、企画内容によってスタジオやロケなど場所もさまざまですし、演出イメージはもちろん、衣装や照明、美術セット、時間帯や天候に対してもさまざまな対応を求められます。

舞台挨拶やイベントなど、お客様に直接披露する現場もあります。その場合は会場の大きさや相手との距離感も考慮したヘアメイクをします。

ヘアメイクアップアーティストへの道

今はさまざまな団体によるメイクの資格認定や検定がありますが、基本的にはメイクに関しては国家資格はありません。

メイクスクールや美容学校、もしくは独学で技術を身に着けても構いません。

しかし、ヘアに関しては、ヘアアレンジやヘアセットなど一部は資格が不要ですが、美容師資格が必要な場合もあります。

美容師資格は国家資格となりますので、美容専門学校で学び、試験に合格する必要があります。

撮影現場を主な仕事場にするヘアメイクアップアーティストになるためには、ヘアメイク個人やヘアメイク事務所などにはじめはアシスタントとして所属して現場で学び、その後独立するのが一般的です。

実際に使用しているメイク道具。一口に茶色といっても、人によって似合う色味はさまざまです。その人に合った色を選ぶことが大切です。

常にアンテナを張る

　日常的には、やはりファッションやアートについて敏感であることが求められます。ヘアメイクとファッションやアートは切り離せません。

　ファッションもハイブランドのオートクチュールからストリート系まで、自分の好みとは関係なく、さまざまなタイプに敏感であることが大切です。アートであれば、古典から現代までいろいろな分野に興味をもってみる。そこからイメージを膨らませたり、流行を取り入れたりと変化させて、オリジナル性を引き出します。

愛用のブラシ。何種類ものブラシを常備しています。

ヘアメイクに必要な勉強

　メイクには流行もありますが、顔のゴールデンバランスを学ぶことは必須です。技術以外にも、各コスメブランドがシーズンごとに出す新作コスメのテクスチャーの違いや発色を試してみることも必要となりますし、ブラシやスポンジなどのツールの違いを知ることも大切です。

　ヘアに関しても技術はもちろんですが、ファッションとの釣り合いや、髪質や頭の形などへの対応、ヘアカラーの色味、ヘアスタイリング剤のテクスチャーや仕上がりを知ることが大切です。

　近年、ヘアカラーは多彩になり、カラーアレンジも可能になってきました。髪の色からも髪質や肌質の印象、顔の色味が変化しますから、スタイリングの一環として捉えるようにします。

　自分にヘアメイクを施すのと、他者に施すのとでは技術的に大きく異なりますので、必ずどちらも勉強することが必要です。

メイク、ファッションとのバランスを考えた、ヘアアレンジをします。

ヘアメイクアップアーティストにとってパーソナルカラーとは

　撮影現場でパーソナルカラー診断をすることは、特別な企画以外はほぼありません。

　しかし、衣装や照明、撮影する場所による顔に対する色の変化を計算することはとても重要です。

　仕上がりに合わせ、色味だけではなく質感も計算しながらイメージを短時間で作り上げるためには、パーソナルカラーの知識はとても効率的です。ヘアカラーのバリエーションやコスメの多様化に対応するためにも、パーソナルカラーの知識が役立ちます。

　さらに、固有感情と表現感情（P.18参照）のバランスのとり方も重要になります。

　撮影現場ではなく、ウェディングや記念日のためのヘアメイクを施すときは、事前にパーソナルカラー診断をします。一生に何度もない非日常的な華やかな日に、お客様自身も納得できる最適なヘアメイクを一緒に作り上げていく。その過程でパーソナルカラーはとても効果的ですし、トータルコーディネートにも役立っています。

リップは何色も用意されている。適切なカラーを選ぶ技術が必要です。

パーソナルカラーを生かす

　ヘアメイクの仕事は専門知識や確かな技術も必要ですが、接客業でもあります。ですから、自分自身の見せ方も重要となりますので、自分のパーソナルカラーを知ることも大切です。

　パーソナルカラーを味方につければ、表現力がアップすることはまちがいないでしょう。

モデルのパーソナルカラーを理解した上で選んだ口紅。付けた瞬間に、顔色がパッと華やかになります。

ネイリスト

> **教えてくれた人**
> **西川道子さん**
> 美容家。長年美容業界で教鞭をとっており、ネイルだけでなく、美容の分野全般に精通している。

小さな面積でも、爪の色で印象は大きく変わります。
実際のネイリストにパーソナルカラーの取り入れ方をうかがってみましょう。

ネイリストの始まりはアメリカ

　ネイリストという仕事は1970年代のアメリカ、ハリウッドでの特殊メイクの「付け爪」から始まりました。

　これが現在のスカルプチュアネイルやネイルチップ（付け爪）に繋がり、美容院に行くように身だしなみとしてネイルサロンに行くのが、アメリカでは当たり前になっているようです。

ネイルが広まる

　1988年のソウルオリンピックのときに、陸上競技のフローレンス・ジョイナー選手がネイルアートをして競技に出場したことで、ネイルは注目されるようになりました。1990年代半ばからミュージシャンや芸能人がネイルのファッションリーダーの役目を果たし、若者を中心に日本でも広がり始めました。

　有名タレントのネイリストがカリスマ化されたことから、美容界でも憧れの職種になりました。

　現在では、世界のネイルコンテストにおいて日本のネイリストの名前が上位に挙がり、「日本のネイル技術は世界一」と評され、外国人観光客の来日目的の一つとして、日本のネイルを体験することも含まれるようになってきています。

日本でのネイルの変遷

　1970年代後半、日本の美容界にネイル文化が伝わり、1980年代にはネイルサロンが営業を始めました。

　日本では、マニキュアに始まり、付け爪、スカルプチュアネイル、ジェルネイルというようにネイルのブームが変遷してきました。現在でも売れ行きはマニキュアが一番ですが、最も注目されて広まりつつあるのは、ジェルネイルです。

　ジェルネイルは、ゲル状の樹脂をUVライトで照射し硬化させたものです。付け爪やスカルプチュアネイルと異なり、自分の爪の長さまでしかネイルすることができません。また、ジェルネイルは弾力性があるので、爪を保護する効果もあります。

　ジェルネイルは、今まであまりネイルに興味がなかった人々にも広まっています。会社員などの一般の女性です。ネイルというと、派手で特別な日のおしゃれというイメージでしたが、ジェルネイルは、自分の爪の長さの範囲で楽しむ、日常使いできるネイルとして、希望されるお客様が増えています。

Part4 Lesson5 ● パーソナルカラーの知識を仕事に生かす

ネイルデザインの考え方の流れ

ネイリストは爪の上だけでなく、お客様の肌の色との相性まで考えた提案が求められます。また、地の色と模様の色の関係も考慮します。具体的にどのように考えればよいのか、デザインを考えるときに失敗しないためのポイントをご紹介します。

1 最初に、お客様の手を美しく引き立ててみせる、つまり似合う色にするため、お客様がイエローベースかブルーベースかを判断します。爪の面積はとても小さいですが、塗った色は手首のあたりまで影響します。似合う色と似合わない色では、肌の印象が全く異なります。そのため、イエローベースかブルーベースかの見極めはとても大切なポイントとなります。

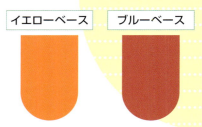

上の2枚の写真を見てください。左はイエローベースのベージュを塗った指で、血色がよく見えます。右はブルーベースのベージュを塗った指で、爪まわりがグレイッシュに見えます。この方の手は黄みのイエローベースが似合うことがわかります。

2 お客様の目的、ニーズ、ライフスタイルに合わせたネイルを考えます。パーティーのためなのか、会社でもOKなものがいいのか、どんな服を着るのか、どんな印象を与えたいのかなど、お客様がネイルに求めるものはさまざまです。そのため、一人一人のお客様としっかりとお話して、その上でネイルのデザインを提案することが重要です。

3 デザインの基本は、コントラストとアナロジーです。コントラストは対比、アナロジーはなじみを意味します。コントラストのほうが派手で目立ち、アナロジーのほうがナチュラルな印象になります。

地色（背景色）と模様による見え方の違いを考えます。色相・明度・彩度からその違いを見てみましょう。

右上の写真は、対比（囲まれた模様の見え方）を表しています。例えば、彩度のひし形を見てください。色は左右同じですが、背景の色が異なると、ひし形の色も違って見えます。背景の色によって、合わせる色の見え方が変わることを、ネイリストは知っておかなければいけませんし、あらかじめお客様にお伝えしておく必要があります。

右下の写真は、同化（全体に模様があるときの見え方）を表しています。色相・明度・彩度の左右を比べてみると、全く別の色に思えますが、下地の色は左右同じです。模様の色が違うだけです。これは、地の上に色をのせると、その色が足されて見えるためです。例えば、レースやチェックの模様をのせるようなデザインを希望するお客様もいらっしゃいますので、この色の見え方の変化も理解しておかなければいけません。

 他にも…

ネイルで肌の質感の見え方を変えることができます。右の写真は、白色のマット（濁色）、白色のクリアー（清色）、白色のラメ、白色のシアーです。同色だとわかりやすいと思うのですが、マットで塗ると重めな印象の肌になりますし、クリアーで塗ると軽めな印象の肌になります。

マット　クリアー　ラメ　シアー

ネイリストにとってパーソナルカラーとは

「爪の色で手の色や印象が変化して見える」のですから、小さな面積なのに塗った色が物をいうパーソナルカラーの効果は、ネイリストに必要な知識です。

ネイリストの不安を解消するには、科学的な根拠をもち、色の属性に基づいたパーソナルカラー理論で色を選ぶことが必要です。

ネイルは美容の中ではファッション性が高く、サロンでもデザイン性や流行色が注目される傾向にあります。

服やメイクはその都度変えられます。気に入らなければ、やり直したり、着替えたりすることができます。しかし、長時間の持続性があるネイルは、そんなことができません。だからこそ、顧客のライフスタイルまで考慮する多様な視点をもってデザインすることが大切です。

写真提供　ティエヌ

ネイルトーン表です。トーンは色のイメージを伝えやすいというメリットがあります。例えば「可愛いネイル色」のイメージは明るい白が混ざっている、明清色グループ。「かっこいいネイル色」は暗めの黒が混ざっている、暗清色グループなど。

これからのネイル業界

セルフネイルの広がりとサロン費用の低価格化が進んでいる中で勝ち抜くためには、「自分のサロン」ならどんなサービスを提供できるかという取り組みが問われています。

パーソナルカラーを取り入れることは、価格低下を防ぎ、集客に繋がるキーポイントになり得ます。

コスメ業界では、口紅は「イエローベースの方向け」といったふうに、すでにパーソナルカラーを取り入れた商品作りがされていますが、ネイル業界は、パーソナルカラーの重要性がまだ浸透しきっていないというのが現状です。ですが、メイクやヘアと違って常に自分の視界に入り、長期間変えることができないネイルだからこそ、パーソナルカラー理論で色を選び、満足度の高いものを提供していかなければなりません。ネイル業界の未来は、パーソナルカラーを活用することで活性化できるのです。

Column
暮らしを彩るカラーテクニック

4シーズン分類を、インテリアのカラーコーディネートなどにも活用してみましょう！

色 がもつイメージ

4シーズンのイメージ分類は生活空間の便利な配色ツール

　4シーズンカラーは色相・明度・彩度・清濁の属性をイメージに合わせて組み立てています。ざっくりとしたイメージを目的に応じて取り入れるのには、とても便利です。パーソナルカラーだけでなく、いろいろな分野のカラーコーディネートの際に配色ツールとして役立てることができます。インテリア、庭や外壁のデザインなど、身近な生活空間の中で活用する機会がたくさんあります。

T.P.Oに応じてパーソナルカラーとも連動させるなど、この4つの分類を使いこなしてみましょう。
　4シーズンのイメージワードを整理してみると下の図のようになります。例えば、インテリアコーディネートをする際、最初に、木彫の家具を置いてクラシックな感じにしたいというようにイメージを固めます。これを4シーズン分類のイメージに当てはめると秋の色がぴったりです。このように対象物のイメージに対して4シーズンの色を当てはめていけば、表現したいことが簡単に確実に実現できます。

4シーズンの代表的イメージキーワード

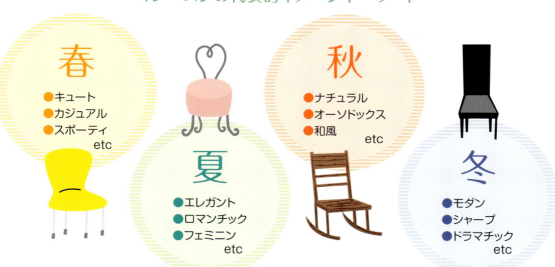

春
- キュート
- カジュアル
- スポーティ
etc

夏
- エレガント
- ロマンチック
- フェミニン
etc

秋
- ナチュラル
- オーソドックス
- 和風
etc

冬
- モダン
- シャープ
- ドラマチック
etc

ンテリアに取り入れてみましょう

インテリアのカラーコーディネートで知っておきたいポイント

　部屋のイメージのシーズンが決まったら、次は使う色を選びましょう。統一感のある色と、部分的に変化をつけてバランスをとるための色を選びます。

●3つのゾーンに分けて色を使い分けます

　部屋の色を3つのカラーグループで構成します。ベースカラーとサブカラーで統一感を出し、アクセントカラーで変化をつけます。

アクセントカラー 5%
全体の約5%という小さい面積で、置物やクッションなど、空間にメリハリをつけるスパイス的な色です。

サブカラー 25%
ドアや建具、大きな家具やカーテンなど、ベースカラーを調整してバランスをとる色です。1色ではなく、複数の似た色でも構いません。

ベースカラー 70%
床、壁、天井のように大きい面積の部分に使う色で、部屋の色の基調となります。複数の色でも構いません。

●3段階の明度を意識しましょう

　住空間の中で、明度は床→壁→天井の順で上げるとバランスがとりやすくなります。床がいちばん暗く、天井がいちばん明るいという法則です。最近の住宅では、床の明度がかなり高くなってきていますが、原則として覚えておきましょう。

イメージに合わせた色選びのポイント

4シーズン分類のイメージキーワードを基に、あなたのイメージ通りの部屋を作りましょう。

カジュアルでポップな部屋にしたい…

春 のカラーでまとめましょう

スケルトンの家具も合います。ハードモダンを取り入れる場合は冬の色を使いましょう。

エレガントな部屋にしたい…

夏 のカラーでまとめましょう

エレガントな雰囲気の部屋にはソフトな夏の色を。ロマンチックなイメージもプラスできます。

格調の高い和室にしたい…

秋 のカラーでまとめましょう

重々しい正統派のイメージやカントリーのイメージに、秋の色がしっくりきます。

モダンでシャープな部屋にしたい…

冬 のカラーでまとめましょう

アクセントカラーを純色で組み合わせると、スタイリッシュでモダンな部屋ができあがります。

イエローベースとブルーベースで部屋の雰囲気も変わる

同じ条件でも感じが変わります

イエローベースとブルーベースの部屋を比べてみましょう。条件は下記の通りです。

条件
- 床はブラウン
- 壁はベージュ
- アクセントカラーは赤と緑
- 天井は双方とも同じ白を用いることとして除く

●比べてみると

同じベージュのベースカラーと茶色のサブカラー、赤と緑のアクセントカラーを配色した結果ですが、イエローベースでまとめた部屋はナチュラルで温かいイメージに、ブルーベースのほうはエレガントで落ち着いた雰囲気になりました。イエローベースのグループ、ブルーベースのグループのようにベースカラーを変えると、同じ系統の色相でありながらも、全く違った雰囲気を醸し出すことができるのです。

  でまとめると

 でまとめると

床の色　　壁の色　　アクセントカラー　　　　　床の色　　壁の色　　アクセントカラー

ナチュラルで温かい感じの部屋になる。

エレガントで落ち着いた感じの部屋になる。

暖色の部屋で解放感アップ、寒色の部屋でリラックス

居心地に影響する色の働き

　色は心理面と深く結びついています。例えば、ベージュや茶色、渋い緑でしつらえた和室にいると、不思議と気持ちが落ち着いた経験はありませんか？　色を意識的に選べば、気持ちよく過ごせる空間を作れるのです。
　では、どんな色がどのように心理に働きかけるのでしょうか。ここでは、暖色と寒色、それぞれでまとめた部屋の例を見てみましょう。

暖色 でまとめると

　一般的に、インテリアの色の大半は暖色です。特に、暖色系・高明度・低彩度の3つの条件で演出されている部屋が多いようです。温かみがあり、明るく安らげる空間は多くの人が集まる場所にふさわしく、玄関や居間などにも適切だからです。
　具体的にはベージュやクリーム色、淡いコーラル・ピンクなどがよく用いられます。病院では、回復期の患者の部屋を暖色系にしているところもあります。看護師のピンクの制服にも、患者の緊張感を解きほぐす効果があります。
　高齢者や寝たきりの方の部屋は、やや彩度を上げ、落ち着いた中にも元気づける働きのある暖色系の壁紙などがおすすめ。また、元気に過ごさせたい子どもの部屋は明るい暖色系でまとめて色数も少し多めにし、楽しいイメージにするとよいでしょう。

緊張感が解きほぐされ、元気も出てくる暖色系の部屋。

寒色 でまとめると

　青を中心とした寒色は、一般的なインテリアコーディネートの色選びでは、あまり取り入れられていません。でも、場合によっては、居住空間に寒色を使うのも効果的。寒色には、気持ちを沈静する作用が認められるからです。
　この効果を生かせる空間は、落ち着いて静かに過ごしたい部屋です。ある病院では、絶対安静を必要とする患者の病室は、寒色系を中心にコーディネートされているそうです。その他、勉強に励まなければならない受験生や、少々活発すぎる子どもの部屋を寒色系の色でまとめるのもよいでしょう。勉強に集中することのできる、落ち着いた空間になります。
　また、寒色は時間の経過を遅く感じさせます。会議室などを寒色系でまとめれば、長時間の会議も負担なく感じます。

気持ちをクールダウンさせる寒色系の部屋。

新パーソナルカラー検定とは

『新はじめてのパーソナルカラー』『新役に立つパーソナルカラー』を公式テキストとして、2020年度より新パーソナルカラー検定がスタートします。

　NPCA監修のもとに各分野のスペシャリストによるプロジェクトチームが試問作成を担当します。パーソナルカラーの理論的な理解、実践力を問う内容です。

　パーソナルカラーに興味がある方々、パーソナルカラースキルの導入を検討される企業の方々、将来役に立つパーソナルカラーの知識・技能習得を目指す学生の方々、パーソナルカラーのプロを目指される方々、プラスのスキルとして本業に生かしたい方々にお勧めいたします。

　評価は総合点の獲得点で上級より1級、2級、3級とし、さらに正解率95％以上の高得点取得者には特級が認定されます。

- ●1度の受験で全ての級の合格を目指すことができます。
- ●受験システムは個人受験、団体受験の2通りに対応しています。

　詳細はお問い合わせください。具体的要綱は随時公式HPで公表いたします。

検定・講座・教材に関するお問い合わせ・資料請求先

新パーソナルカラー普及団体
一般社団法人 新パーソナルカラー協会（NPCA）

URL：www.npca.or.jp
Tel：03-6910-5721（代表）

教材開発・技能指導校
株式会社パーソナルカラー研究所スタジオ HOW

URL：www.studiohow.co.jp
Tel：03-6804-3444（代表）

〈 関連講座ご案内 〉

本格的なプロを目指す講座なら
カラーアナリスト養成講座
（トミヤマ マチコ完全直接指導）

**パーソナルカラーのエキスを
4日間に集約した革新的な講座**
新パーソナルカラー講座（使用教材はP.127に掲載）

検定対応講座
新パーソナルカラー検定合格を目指します。

総合問題

問題1 次のAからJの（ ）の中に、それぞれの①②③④から適切な答えを一つ選び、解答欄に記入しなさい。

A 可視光の波長の範囲は380〜780で単位は（ ）で表す
　① cm　　② mm　　③ nm　　④ m

B 色料の三原色は（ ）である
　① シアン・イエロー・マゼンタ　　② レッド・グリーン・ブルー
　③ オレンジ・イエロー・シアン　　④ イエロー・グリーン・マゼンタ

C 色が見える三つの条件は（ ）である
　① 反射・吸収・透過　　② 光・物体・目
　② 光・反射・物体　　④ 反射・物体・吸収

D 赤い布（ドレープ）が赤く見えるのは（ ）からである
　① 主に可視光域の長波長のエネルギーを反射している
　② 主に可視光域の長波長のエネルギーを吸収している
　③ 主に可視光域の中波長のエネルギーを反射している
　④ 主に可視光域の短波長のエネルギーを吸収している

E パーソナルカラー診断に最も不適切な照明は（ ）である
　① 昼光色　　② 白熱灯　　③ 昼白色　　④ 蛍光灯

F 光源の色を数値に換算した色温度の単位は（ ）で表す
　① ルクス　　② ルーメン　　③ ケルビン　　④ イルミナント

G 照度の単位は（ ）で表す
　① ルクス　　② ルーメン　　③ ケルビン　　④ イルミナント

H 色みを見分ける視細胞を（ ）という
　① 桿状体　　② 錐状体　　③ 網膜　　④ 硝子体

I 「光線に色はない」という言葉で色の性質を表したのは（ ）である
　① ゲーテ　　② ニュートン　　③ マクスウェル　　④ アリストテレス

J 波長順に並んだ帯状の光を（ ）という
　① グラデーション　　② レピテーション　　③ スペクトル　　④ ドミナント

A	B	C	D	E	F	G	H	I	J

解答欄

問題2 次の記述を読み、A～Jの（　）に、それぞれの①②③④から適切な答えを一つ選び、解答欄に記入しなさい。

赤や緑、青などの色みのことを（　A　）という。これをグラデーションで輪状につなげると（　B　）ができる。色の明るさの度合いを明度という。明度は（　C　）を感じさせる作用がある。物体色のもっとも明るい色は（　D　）であり、もっとも暗い色は（　E　）である。色の鮮やかさの度合いを（　F　）という。一般的に各（A）のもっとも鮮やかな色を純色といい、トーン分類では（　G　）になる。純色に白を混ぜると（　H　）、黒を混ぜると（　I　）、グレイを混ぜると（　J　）になる。

A　① 彩度　　　② 色相　　　　③ 明度　　　　④ 清濁
B　① 色度図　　② 色相環　　　③ 色立体　　　④ 色差図
C　① 軽・重　　② 興奮・沈静　③ 寒・暖　　　④ 地味・派手
D　① 白　　　　② 黄　　　　　③ 青紫　　　　④ 黒
E　① 白　　　　② 黄　　　　　③ 青紫　　　　④ 黒
F　① 彩度　　　② 色相　　　　③ 明度　　　　④ 清濁
G　① ビビッドトーン　② ブライトトーン　③ ストロングトーン　④ ディープトーン
H　① 濁色　　　② 暗清色　　　③ 明清色　　　④ 暗濁色
I　① 濁色　　　② 暗清色　　　③ 明清色　　　④ 暗濁色
J　① 濁色　　　② 暗清色　　　③ 明清色　　　④ 純色

A	B	C	D	E	F	G	H	I	J

解答欄

問題3

次のAの色を見て①〜⑤の設問に答えなさい。

A

① Aの色に対して最も適切な表記をa〜dの中から選び、解答欄に記入しなさい。

a　緑、中明度、高彩度、清色　　　　　b　青緑、高明度、高彩度、清色
c　緑、低明度、中彩度、濁色　　　　　d　緑みの青　高明度、高彩度、濁色

② Aの色に対して最も適切な答えをa〜dの中から選び、解答欄に記入しなさい。

a　可視光域では長波長　　　　　　　　b　可視光域では中波長
c　可視光域では短波長　　　　　　　　d　可視光域には存在しない

③ Aの色に対して最も近似したマンセル表記をa〜dの中から選び、解答欄に記入しなさい。

a　3G 5.0/9.0　　b　9G 5.0/10.5　　c　3G 5.5/11.0　　d　9G 4.0/2.0

④ Aの色に対して同一色相対照トーン配色になる色をa〜dの中から選び、解答欄に記入しなさい。

a 　　b 　　c 　　d

⑤ Aの色に対してスプリット・コンプリメンタリー配色になる2色をa〜dの中から選び、解答欄に記入しなさい。

a 　　b 　　c 　　d

解答欄

①	②	③	④	⑤

問題4　AとBの2色について答えなさい。
AとBのテストカラーを使い、パーソナルカラーを診断した。
2色を比べた見え方で適切なものに○、間違ったものに×を解答欄に記入しなさい。

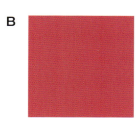

a　Aの色はイエローベース、中明度、高彩度、清色

b　Aの色はブルーベース、明るい4シーズンカラーの夏の色

c　AはBに比べて明度がやや低く、彩度は高く、濁色

d　Bの色はAに比べて彩度が低い

e　Bの色はAに比べて明度が低い

f　BとAは2色ともに清色

g　Aは清色でBは濁色

h　Aの色は似合うと色が白く明るく、肌質は光沢が出て華やかな印象

i　Bの色は似合うと色が白く、肌質はマットに滑らかに見え、エレガントな印象

j　Bの色は似合わないと肌が黄ぐすみし、もたついて見える

解答欄

a	b	c	d	e	f	g	h	i	j

問題5　A〜Eの5色を見て答えなさい。
クライアントの悩みや希望に沿って適切な色を選び、解答欄に記入しなさい。
A〜Eは、それぞれ2回ずつ当てはまります。

A　B　C　D　E

1　爽やかに見せたい（ブルーベース・中彩度・清色）
2　とにかく色を白く見せたい（ブルーベース・高明度・低彩度）
3　顔色が悪いと言われるので顔色をよく見せたい（イエローベース・中明度・清色）
4　肌を滑らかにゴージャスな印象に見せたい（イエローベース・低明度・濁色）
5　目鼻立ちをくっきりシャープにして目力を出したい（ブルーベース・低明度・高彩度）
6　元気に可愛らしく見せたい（イエローベース・中彩度・清色）
7　血色がよく小顔に見せたい（イエローベース・低明度・濁色）
8　軽やかにスッキリ見せたい（ブルーベース・中彩度・清色）
9　クールビューティに演出したい（ブルーベース・低明度・高彩度）
10　エレガントに上品に見せたい（ブルーベース・高明度・低彩度）

解答欄	1	2	3	4	5	6	7	8	9	10

問題6 次のAとBのテストカラーを使ってパーソナルカラー診断をしてみます。
人の胸元に布を当てたと想定して答えなさい。

A　　　　　　　　　　　B

① AとBの色の適正な属性をa〜dの中から選びなさい。

a　**A**はイエローベース、高明度、中彩度、濁色。**B**はブルーベース、低明度、低彩度、清色
b　**A**はブルーベース、高明度、高彩度、濁色。**B**はイエローベース、高明度、低彩度、濁色
c　**A**はイエローベース、高明度、中彩度、濁色。**B**はブルーベース、高明度、中彩度、清色
d　**A**はブルーベース、高明度、高彩度、濁色。**B**はイエローベース、高明度、低彩度、清色

② AとBの色を比較して適正な固有感情の効果をa〜dの中から選びなさい。

a　**A**は顔が青みを帯び、明るく色みが鮮やかに見える。**B**は顔が黄みを帯び、暗く色みが淡く見える
b　**A**は顔が黄みを帯び、肌質がマットに見える。**B**は顔が青みを帯び、肌質がクリアに見える
c　**A**は顔が黄みを帯び、明るく色みが強く見える。**B**は顔が青みを帯び、暗く収縮して見える
d　**A**と**B**はともに顔が黄みを帯び、**A**は暗く収縮して見える。**B**は明るく膨張して見える

③ AとBの色を比較して適正な表現感情の効果をa〜dの中から選びなさい。

a　**A**は顔が白く明るく、輪郭がふっくら、肌はつややかに見えた。
　　Bは血色がよく、輪郭が引き締まり、肌は滑らかに感じられた。
b　**A**は血色がよく、顔色は濃く引き締まり、肌質がマットに見えた。
　　Bは顔が白くふっくらとし、肌質はクリアに見えた。
c　**A**、**B**ともに血色がよく明るく見えた。**A**は肌がつややかでスッキリし、
　　Bは肌がソフトで奥行きが感じられた。
d　**A**は顔に血色が増し、肌が滑らかに輪郭がソフトに見えた。
　　Bは色が白く肌がつややかで輪郭がくっきり見えた。2色とも顔の明るさに差は感じなかった。

解答欄

①	②	③

解 答

問題 1

A	B	C	D	E	F	G	H	I	J
③	①	②	①	②	③	①	②	②	③

問題 2

A	B	C	D	E	F	G	H	I	J
②	②	①	①	④	①	①	③	②	①

問題 3

①	②	③	④	⑤
a	b	c	d	c

問題 4

a	b	c	d	e	f	g	h	i	j
○	×	×	○	○	×	○	×	○	×

問題 5

1	2	3	4	5	6	7	8	9	10
A	E	B	D	C	B	D	A	C	E

問題 6

①	②	③
c	b	d

PCCS記号－マンセル記号 対応一覧表

同じ色を表す際の、PCCS・マンセル（JIS）それぞれの表記方法です。

※配色カード199対応の数値を記載。
（①p、ltトーンに関しては＋のトーンを採用）
（②Bkの明度は1.5）

◆ 有彩色

PCCS トーン表記	PCCS 三属性表記	マンセル（JIS）三属性表記
v1	1:pR　－4.0－9s	10RP 4.0/13.5
v2	2:R　 －4.5－9s	4R 4.5/14.0
v3	3:yR　－5.0－9s	7R 5.0/14.0
v4	4:rO　－5.5－9s	10R 5.5/14.0
v5	5:O　 －6.0－9s	4YR 6.0/14.0
v6	6:yO　－7.0－9s	8YR 7.0/13.5
v7	7:rY　－7.5－9s	2Y 7.5/13.0
v8	8:Y　 －8.0－9s	5Y 8.0/13.0
v9	9:gY　－7.5－9s	8Y 7.5/12.0
v10	10:YG －7.0－9s	3GY 7.0/12.0
v11	11:yG －6.0－9s	8GY 6.0/11.5
v12	12:G　－5.5－9s	3G 5.5/11.0
v13	13:bG －5.0－9s	9G 5.0/10.5
v14	14:BG －4.5－9s	5BG 4.5/10.0
v15	15:BG －4.0－9s	10BG 4.0/10.0
v16	16:gB －4.0－9s	5B 4.0/10.0
v17	17:B　－3.5－9s	10B 3.5/10.5
v18	18:B　－3.5－9s	3PB 3.5/11.5
v19	19:pB －3.5－9s	6PB 3.5/11.5
v20	20:V　－3.5－9s	9PB 3.5/11.5
v21	21:bP －3.5－9s	3P 3.5/11.5
v22	22:P　－3.5－9s	7P 3.5/11.5
v23	23:rP －3.5－9s	1RP 3.5/11.5
v24	24:RP －4.0－9s	6RP 4.0/12.5
b2	2:R　 －6.0－8s	4R 6.0/12.0
b4	4:rO　－6.5－8s	10R 6.5/11.5
b6	6:yO　－7.5－8s	8YR 7.5/11.5
b8	8:Y　 －8.5－8s	5Y 8.5/11.0
b10	10:YG －7.5－8s	3GY 7.5/10.0
b12	12:G　－6.5－8s	3G 6.5/9.0
b14	14:BG －6.0－8s	5BG 6.0/8.5
b16	16:gB －5.5－8s	5B 5.5/8.5
b18	18:B　－5.0－8s	3PB 5.0/10.0
b20	20:V　－5.0－8s	9PB 5.0/10.0
b22	22:P　－5.0－8s	7P 5.0/10.0
b24	24:RP －5.5－8s	6RP 5.5/10.5
s2	2:R　 －4.5－8s	4R 4.5/12.0
s4	4:rO　－5.0－8s	10R 5.0/11.5
s6	6:yO　－6.5－8s	8YR 6.5/11.5

PCCS トーン表記	PCCS 三属性表記	マンセル（JIS）三属性表記
s8	8:Y　 －7.5－8s	5Y 7.5/11.0
s10	10:YG －6.5－8s	3GY 6.5/10.0
s12	12:G　－5.0－8s	3G 5.0/9.0
s14	14:BG －4.5－8s	5BG 4.5/8.5
s16	16:gB －4.0－8s	5B 4.0/8.5
s18	18:B　－3.5－8s	3PB 3.5/10.0
s20	20:V　－3.5－8s	9PB 3.5/10.0
s22	22:P　－3.5－8s	7P 3.5/10.0
s24	24:RP －4.0－8s	6RP 4.0/10.5
dp2	2:R　 －3.5－8s	4R 3.5/11.5
dp4	4:rO　－4.0－8s	10R 4.0/11.0
dp6	6:yO　－5.0－8s	8YR 5.0/11.0
dp8	8:Y　 －6.0－8s	5Y 6.0/10.5
dp10	10:YG －5.0－8s	3GY 5.0/9.5
dp12	12:G　－4.0－8s	3G 4.0/8.5
dp14	14:BG －3.5－8s	5BG 3.5/8.0
dp16	16:gB －3.0－8s	5B 3.0/8.0
dp18	18:B　－2.5－8s	3PB 2.5/9.5
dp20	20:V　－2.5－8s	9PB 2.5/9.5
dp22	22:P　－2.5－8s	7P 2.5/9.5
dp24	24:RP －3.0－8s	6RP 3.0/10.0
lt2+	2:R　 －7.0－6s	4R 7.0/8.0
lt4+	4:rO　－7.5－6s	10R 7.5/8.0
lt6+	6:yO　－8.0－6s	8YR 8.0/8.0
lt8+	8:Y　 －8.5－6s	5Y 8.5/7.5
lt10+	10:YG －8.0－6s	3GY 8.0/7.0
lt12+	12:G　－7.5－6s	3G 7.5/6.0
lt14+	14:BG －7.0－6s	5BG 7.0/6.0
lt16+	16:gB －6.5－6s	5B 6.5/6.0
lt18+	18:B　－6.0－6s	3PB 6.0/7.0
lt20+	20:V　－6.0－6s	9PB 6.0/7.0
lt22+	22:P　－6.0－6s	7P 6.0/7.0
lt24+	24:RP －6.5－6s	6RP 6.5/7.5
sf2	2:R　 －6.0－5s	4R 6.0/6.5
sf4	4:rO　－6.5－5s	10R 6.5/6.5
sf6	6:yO　－7.0－5s	8YR 7.0/6.5
sf8	8:Y　 －7.5－5s	5Y 7.5/6.0
sf10	10:YG －7.0－5s	3GY 7.0/5.5
sf12	12:G　－6.5－5s	3G 6.5/5.0

トーン表記	PCCS 三属性表記	マンセル (JIS) 三属性表記
sf14	14:BG －6.0－5s	5BG 6.0/5.0
sf16	16:gB －5.5－5s	5B 5.5/5.0
sf18	18:B －5.0－5s	3PB 5.0/5.5
sf20	20:V －5.0－5s	9PB 5.0/5.5
sf22	22:P －5.0－5s	7P 5.0/5.5
sf24	24:RP －5.5－5s	6RP 5.5/6.0
d2	2:R －4.5－5s	4R 4.5/6.5
d4	4:rO －5.0－5s	10R 5.0/6.5
d6	6:yO －5.5－5s	8YR 5.5/6.5
d8	8:Y －6.0－5s	5Y 6.0/6.0
d10	10:YG －5.5－5s	3GY 5.5/5.5
d12	12:G －5.0－5s	3G 5.0/5.5
d14	14:BG －4.5－5s	5BG 4.5/5.0
d16	16:gB －4.0－5s	5B 4.0/5.0
d18	18:B －3.5－5s	3PB 3.5/5.5
d20	20:V －3.5－5s	9PB 3.5/5.5
d22	22:P －3.5－5s	7P 3.5/5.5
d24	24:RP －4.0－5s	6RP 4.0/6.0
dk2	2:R －2.5－5s	4R 2.5/6.0
dk4	4:rO －3.0－5s	10R 3.0/6.0
dk6	6:yO －3.5－5s	8YR 3.5/6.0
dk8	8:Y －4.0－5s	5Y 4.0/5.5
dk10	10:YG －3.5－5s	3GY 3.5/5.0
dk12	12:G －3.0－5s	3G 3.0/4.5
dk14	14:BG －2.5－5s	5BG 2.5/4.5
dk16	16:gB －2.5－5s	5B 2.5/4.5
dk18	18:B －2.0－5s	3PB 2.0/5.0
dk20	20:V －2.0－5s	9PB 2.0/5.0
dk22	22:P －2.0－5s	7P 2.0/5.0
dk24	24:RP －2.5－5s	6RP 2.5/5.5
p2[+]	2:R －8.0－3s	4R 8.0/3.5
p4[+]	4:rO －8.0－3s	10R 8.0/3.5
p6[+]	6:yO －8.5－3s	8YR 8.5/3.5
p8[+]	8:Y －9.0－3s	5Y 9.0/3.0
p10[+]	10:YG －8.5－3s	3GY 8.5/3.0
p12[+]	12:G －8.0－3s	3G 8.0/3.0
p14[+]	14:BG －8.0－3s	5BG 8.0/3.0
p16[+]	16:gB －8.0－3s	5B 8.0/3.0
p18[+]	18:B －7.5－3s	3PB 7.5/3.0
p20[+]	20:V －7.5－3s	9PB 7.5/3.0
p22[+]	22:P －7.5－3s	7P 7.5/3.0
p24[+]	24:RP －8.0－3s	6RP 8.0/3.0
ltg2	2:R －7.0－2s	4R 7.0/2.0
ltg4	4:rO －7.0－2s	10R 7.0/2.0
ltg6	6:yO －7.5－2s	8YR 7.5/2.0
ltg8	8:Y －7.5－2s	5Y 7.5/2.0

トーン表記	PCCS 三属性表記	マンセル (JIS) 三属性表記
ltg10	10:YG －7.5－2s	3GY 7.5/2.0
ltg12	12:G －7.0－2s	3G 7.0/2.0
ltg14	14:BG －7.0－2s	5BG 7.0/2.0
ltg16	16:gB －7.0－2s	5B 7.0/2.0
ltg18	18:B －6.5－2s	3PB 6.5/2.0
ltg20	20:V －6.5－2s	9PB 6.5/2.0
ltg22	22:P －6.5－2s	7P 6.5/2.0
ltg24	24:RP －7.0－2s	6RP 7.0/2.0
g2	2:R －4.0－2s	4R 4.0/2.0
g4	4:rO －4.0－2s	10R 4.0/2.0
g6	6:yO －4.5－2s	8YR 4.5/2.0
g8	8:Y －4.5－2s	5Y 4.5/2.0
g10	10:YG －4.5－2s	3GY 4.5/2.0
g12	12:G －4.0－2s	3G 4.0/2.0
g14	14:BG －4.0－2s	5BG 4.0/2.0
g16	16:gB －4.0－2s	5B 4.0/2.0
g18	18:B －3.5－2s	3PB 3.5/2.0
g20	20:V －3.5－2s	9PB 3.5/2.0
g22	22:P －3.5－2s	7P 3.5/2.0
g24	24:RP －4.0－2s	6RP 4.0/2.0
dkg2	2:R －2.0－2s	4R 2.0/1.5
dkg4	4:rO －2.0－2s	10R 2.0/1.5
dkg6	6:yO －2.5－2s	8YR 2.5/1.5
dkg8	8:Y －2.5－2s	5Y 2.5/1.5
dkg10	10:YG －2.5－2s	3GY 2.5/1.5
dkg12	12:G －2.0－2s	3G 2.0/1.5
dkg14	14:BG －2.0－2s	5BG 2.0/1.5
dkg16	16:gB －2.0－2s	5B 2.0/1.5
dkg18	18:B －1.5－2s	3PB 1.5/1.5
dkg20	20:V －1.5－2s	9PB 1.5/1.5
dkg22	22:P －1.5－2s	7P 1.5/1.5
dkg24	24:RP －2.0－2s	6RP 2.0/1.5

◆ 無彩色

トーン表記	PCCS 三属性表記	マンセル (JIS) 三属性表記
W	n－9.5	N9.5
Gy－8.5	n－8.5	N8.5
Gy－7.5	n－7.5	N7.5
Gy－6.5	n－6.5	N6.5
Gy－5.5	n－5.5	N5.5
Gy－4.5	n－4.5	N4.5
Gy－3.5	n－3.5	N3.5
Gy－2.5	n－2.5	N2.5
Bk	n－1.5	N1.5

新パーソナルカラー教材

新パーソナルカラーの学習をスムーズに進め、理解をより深くするために、下のような教材を上手に活用するのもよいでしょう。

新パーソナルカラー講座の教材　講座の受講料の中に含まれている教材です。

（A）4ディレクションドレープ（46色）
（B）4ディレクション分析シート（10セット）
（C）あなたの色カルテ

（A）各属性の効果を視認することができるドレープです。客観的で正確な診断をすることができます。（B）「目」で判断した分析を、シートにチェックするだけで半自動的に診断結果に導いてくれます。（C）結果を伝えるときにお渡しするカルテです。

ファッションカラーチャート
（187色・A5サイズ）

すべてのシーズンカラーを網羅し、属性で分けてあります。わかりやすい色見本帳です。

リップカラー診断シート
（解説書付き）

口元に当てながらリップカラーの色を診断することができます。顔色の変化がはっきりと確認できて、お似合いのリップカラーを見つけられます。

4ディレクションパネル
（8枚1セット・A3サイズ）

各属性の変化を見るためのパネルです。診断結果のプレゼンテーションにも使えます。

新パーソナルカラーの理解を深める教材　学習をスムーズに進め、理解をより深くするために、上手に活用したい教材です。

パーソナルカラーコンサルティング教材 真珠ネックレス（フェイク）

8mm、10mm、12mmの粒ごとに、イエベ・ブルベの色みに分かれ、3段階の長さに調整できます

新パーソナルカラー分析シートテストカラー
（47枚・A4サイズ・紙製）

上質の紙製のドレープ（テストカラー）です。裏面には細かい解説が書かれています

色見本帳 春・夏・秋・冬
（各シーズン30色・布製）

折りたたむと6.5cm×19cmというコンパクトサイズになります

本書の色と写真は、印刷で再現していますので、実物の見え方とは多少異なっている場合もあります。ご了承ください。

カバーデザイン	齋藤彩子
本文デザイン	佐々木恵実
表紙イラスト	柿崎こうこ
本文イラスト	夏見京子、Chao
撮影	竹下アキコ
モデル	中尾サーシャ、加藤アヤノ、大塚俊介、佐々木華奈、松永紗羅
P.72〜73モデル	鈴木克江、山下庸子、西牟田秀子、佐野春恵
ヘアメイク	保田かずみ（Part 2、Part 4＜P.67、P.69、P.72〜73、P81＞）
監修協力	北橋幸子
取材協力	株式会社パーソナルカラー研究所 スタジオHOW 一般社団法人 新パーソナルカラー協会
DTP	ノーバディー・ノーズ
編集協力	株式会社 スリーシーズン

新役に立つパーソナルカラー

2019年10月29日　第1刷発行

●この本に関する各種お問い合わせ先
本の内容については　☎03-6431-1516（編集部直通）
在庫については　☎03-6431-1250（販売部直通）
不良品（落丁、乱丁）については　☎0570-000577
学研業務センター　〒354-0045 埼玉県入間郡三芳町上富279-1
上記以外のお問い合わせ　☎03-6431-1002（学研お客様センター）

著　者	トミヤママチコ
発行人	鈴木昌子
編集人	滝口 勝弘
編集担当	中村 絵理子
発行所	株式会社　学研プラス 〒141-8415 東京都品川区西五反田2-11-8
印刷所	凸版印刷株式会社

© Machiko Tomiyama 2019 Printed in Japan

本書の無断転載、複製、複写（コピー）、翻訳を禁じます。
本書を代行業者等の第三者に依頼してスキャンやデジタル化することは、たとえ個人や家庭内の利用であっても、著作権法上、認められておりません。

複写（コピー）をご希望の場合は、下記までご連絡ください。
日本複製権センター　https://jrrc.or.jp/
E-mail：jrrc_info@jrrc.or.jp
Ⓡ〈日本複製権センター委託出版物〉

学研の書籍・雑誌についての新刊情報・詳細情報は、下記をご覧ください。
学研出版サイト　https://hon.gakken.jp/